KB070445

살면서 가장 아름다운 자리

NANAM
나남출판

살면서 가장 아름다운 자리

2023년 5월 20일 초판 발행
2023년 5월 20일 초판 1쇄

글·사진   구영회
발행자   조완희

발행처   나남출판사
주소   10881 경기도 파주시 회동길 193, 4층 (문발동)
전화   (031) 955-4601 (代)
FAX   (031) 955-4555
등록   제 406-2020-000055호 (2020. 5. 15)
홈페이지   http://www.nanam.net
전자우편   post@nanam.net

ISBN   979-11-92275-14-7
           979-11-971279-3-9 (세트)

지리산 인생길의 일곱 번째 사색

살면서 가장 아름다운 자리

글·사진 구영회

NANAM
나남출판

가장 맑은 호수에 비친 세상 이야기

박영선 전 중소벤처기업부 장관

하버드대학이 있는 케임브리지에서 차로 30분 정도 가면 콩코드라는 오래된 마을이 나온다. 하버드대학과 거의 비슷한 시기에 형성된 약 4백 년의 역사를 간직한 작은 마을이다.

이곳에 호수 하나가 역사적 장소로 남아 있다. 미국 철학자이자 수필가이자 초월주의자, 생태주의자의 효시로 알려진 헨리 소로Henry David Thoreau의 월든Walden 호수다. 아무런 설명을 듣지 않는다면 그냥 평범한 호수다. 헨리 소로는 이 호숫가에 오두막을 짓고 이곳에서 '무소유의 삶'을 실천하며 글을 썼다.

법정스님, 넬슨 만델라, 마틴 루터 킹, 간디, 톨스토이 등이 세상의 맑은 심오함을 간직한 분들에게 영향을 준 소로의 사상은 내면의 풍요로움, 검소한 삶을 강조하며 인간의 이기와 탐욕을 배척한다.

그 월든호수를 따라 걸으며 가장 먼저 떠오른 사람이 '지리산 나그네' 구영회 선배다.

구영회 선배의 일곱 번째 수필집《살면서 가장 아름다운 자리》는 그의 사색의 고속도로를 따라 추억서랍의 이야기들이 인생의 풍경사진처럼 펼쳐진다. 기자 시절의 치열한 삶 속에서 질주하던 젊음이 쉬어 가는 지리산 나그네의 호수는 '무소유' 그 자체다.

나는 지리산 나그네가 사색의 고속도로를 따라 이리저리 쏘다니며 직접 찍은 풍경사진을 지구 반대편으로 전송해 줄 때마다 아름다운 밤하늘의 별자리를 바라보며 삶을 돌아보곤 한다.

질주하듯 달려온 삶은 화살처럼 날아가 어디론가 사라져 버리고 삶의 쉴 곳을 찾아 나서는 여정은 호수에 비친 달과 별처럼 무수한 이야기를 밤하늘에 새긴다. 그 이야기 속에 지리산 나그네의 '살면서 가장 아름다운 자리'가 존재한다.

지리산 나그네 구영회 선배는 나의 인생스승이다. 때로는

'넌지시' 때로는 '직설화법'으로 가르침을 준다. 오늘도 지리산의 지구 반대편에서 가르침을 새긴다.

시드니 오페라하우스 앞에 새겨진 빛과 반사 그리고 아름다움에 대한 지리산 나그네의 일갈을.

"태양이 오페라하우스에 반사되기 전에는 태양은 자신이 얼마나 아름다운지를 몰랐다."

은혜를 받았다면 그 은혜를 반사할 줄 아는 사람이 되자. 빛이 반사되지 못할 때 세상은 너무나 회색빛으로 물들어 버릴 테니까.

천하제일 풍경

삶에서 인생길에서 가장 완벽한 '제자리'는 어디일까? 괴롭
거나 힘겹거나 시달리지 않고 일체의 풍파가 고요히 가라앉
아 지극히 평온한 제자리 말이다.

　사람들 중에는 그런 자리를 알고 있는 이가 더러 있기는
하지만, 대부분은 인생이 거의 다 지나도록 잘 깨닫지 못한
채 살아간다. 세상 누구나 어제도 오늘도 내일도 바로 그 자
리를 찾기 위해 서성거리고 두리번거린다.

　자기 자신도 그리고 주변 사람들도 삶이 요동치지 않고
근심 걱정이 사라진 가장 평화로운 자리에 놓이고 싶어 하는
것은, 악당이 아니라면 누구든지 소망하는 바일 것이다.

　삶이 모자라거나 넘치지 않고 '최적화'된 그 지점을 가리키

고 암시하는 매우 다행스럽고 희망적인 키워드가 있다. 33년 직장생활에서 은퇴한 환갑 무렵 고향 땅에 내려와 올해 일흔에 접어든 나는, 이곳 지리산에서 일곱 번째로 써 내려간 이 글에서 당신과 바로 그 키워드를 공유하고자 한다.

그것은 '스위트 스팟sweet spot'이다. 스위트 홈이라는 표현을 연상해 보면 어느 정도 느낌이 닿을 듯하다. 스팟은 어떤 물리적 장소라기보다는 우리가 살아가면서 매일 매 순간 맞이하는 시간과 공간, 다시 말해 '마음속 상태'를 의미한다.

나는 스위트 스팟을 우리말로 적절하게 나타낼 수 있는 표현이 무엇일까 오랫동안 고민한 끝에 이 책의 제목으로 취했다. 스위트 스팟은 살면서 우리가 마침내 찾아내어 머물 수 있고 드나들 수 있는 '가장 아름다운 자리'다. 우리 마음속 천하제일天下第一 명당이다.

스위트 스팟은 흥미롭게도 우리의 일상 속에 이미 다양하게 자리 잡고 있다.

잠을 잘 때 몸을 이리저리 뒤척이는 까닭은, 가장 편한 자세, 즉 스위트 스팟을 찾으려 하기 때문이다.

축구선수 손흥민은 골대를 향해 공을 차 넣기에 가장 적절한 틈새, 즉 스위트 스팟을 귀신처럼 잘 찾아내어 통쾌한 한 방을 날린다.

배구선수 김연경이 날카롭게 내리꽂은 공은, 오랜 세월 피땀으로 다져진 강인한 손바닥 어느 부위에, 즉 그녀만 느끼는 스위트 스팟에 공이 딱 들어맞았을 때 멋진 득점으로 연결된 것이다.

건축가가 음악당을 설계할 때 작업의 핵심은, 청중의 귀가 가장 잘 열리는 음향의 스위트 스팟을 잡아내는 일이다.

이렇듯 우리가 살아가는 각자의 인생길에도 스위트 스팟이 있다.

지리산 동쪽 하늘이 아침을 열 때 붉게 빛나던 노을이, 저녁에 섬진강을 곱게 물들이며 서쪽 하늘 너머로 물러가면서 어둠을 내리는 변화는 사람의 일이 아니다. 사람은 그렇게 할 수가 없다.

사람들은 저마다 어떤 목적이 있는 듯이 살아가지만, 목적을 두어 찾아 나서는 순간부터 삶은 고단하고 힘들어진다.

목적마저 내려놓아도 아무런 탈 없이 살아갈 수 있다는

걸 알아차리게 되기까지 나에게는 한참의 세월이 걸렸다. 일흔 살 문턱에 막 들어선 이제야 겨우 알 것 같다. 세상과 나의 관계가 그럭저럭 굴러가기만 해도 꽤 괜찮은 인생길이란 것을.

이 세상 그 누구든 결국에 가서는 '크게' 죽거나 '작게' 죽는다. 출세나 명예를 얘기하는 게 아니다. 당신은 삶의 마감이 찾아왔을 때 스위트 스팟에서 마감할 것인가? 아니면 그곳에 들어서지 못한 채 허우적거리다가 떠날 것인가? 그것은 당신의 선택이며 당신의 집중 여부에 달려 있다.

삶이란 영혼이 스위트 스팟을 찾아 나서는 과정이다.

나의 글을 읽게 된 알 수 없는 인연을 가진 당신의 인생길이, 당신만의 스위트 스팟을 잘 찾아내어 순탄하기를 그리고 별일 없기를 진심으로 기원한다.

내가 각별한 감사를 표하고 싶은 두드러진 인연이 한 분 있다. 나의 글에 채찍질과 애정을 아낌없이 쏟아 준 나남출판 조상호 회장께 특별한 고마움을 전한다. 평생 책과 나무와 꽃을 사랑해온 향기 은은한 선비 조 회장은 나의 글을 이번까지 무려 여섯 번째 책으로 줄곧 출간해 주었다.

첫 번째 책만 출판사가 다를 뿐 나머지 여섯 권 모두 나남 출판사를 통해 내놓게 된 것은 참으로 강한 인연이다. 좋은 책 만드는 일에 오늘도 여념이 없을 나남 식구들에게 진심으로 감사드린다.

그리고 내가 이 세상을 마감할 때까지 결코 잊지 못할 또 한 분의 가장 깊었던 인연 '연관然觀' 큰스님께 이 책을 헌정한다.

'지리산둘레길'을 맨 처음 개척한 사람들의 정신적 지도자였던 큰스님은, 지리산에 푸르름이 한창 우거지던 2022년 6월 15일 저녁 7시 55분 입적하셨다.

나는 그분이 떠나시는 순간을 직접 지켜보며 40년 가까운 인연을 작별인사로 마무리 지었다. 스님은 생을 마감하는 마지막 순간까지도 정신을 꼿꼿이 가누셨다. 그분의 유해는 본인의 유언에 따라 그가 그토록 사랑했던 지리산과 섬진강에 뿌려졌다.

그리고 작년 늦가을 이태원 참사로 인생을 제대로 살아 보기도 전에 안타깝게 희생된 수많은 젊은 영령들을 기억하며 이 책을 바친다.

나의 인생길에서 만난 모든 인연들에게 깊이 고개 숙여 절한다. 인연들이 없다면 나도 무의미하다. 나는 인연의 산물이다.

2023년
하늘 푸르고 산천 푸른
지리산에서 두 손 모음

구영회

차
례

18

자각 自覺

캄캄한 어둠에 고요함이 보태지면 마음속 어딘가에 살고 있는 각성이 슬며시 찾아와 내 안을 채운다.

지리산 자락 구들방에서 겨울밤 이른 새벽에 잠에서 깨어나는 일은 막막하고 적막하다. 아무것도 할 일이 없고 무엇을 하려야 할 수도 없는 막다른 궁지에 놓인다.

이럴 때 내 안의 '어떤 존재'는 시각과 청각 두 가지의 작용을 통해 인기척을 드러낸다.

창 너머 바깥은 온통 칠흑 같은 어둠 속에 잠긴 채 약 8㎞ 떨어진 저 멀리 가로등 불빛 위로 자동차 전조등이 반딧불처럼 움직이는 게 눈에 들어온다.

구들방 안에서는 벽시계가 저 홀로 밤새 불침번을 서다가,

막 깨어난 나의 귀에 째깍거리는 소리 하나만을 들려준다.

그 순간 나는 이런저런 생각이나 감정들이 파도처럼 일어나기 이전의 텅 비어 고요한, 오직 '보는 사람'과 오직 '듣는 사람'일 뿐이다. 나는 이른바 '순수 상태'에 놓인다. 바로 '이 사람'이 나를 지탱하는 존재다.

그러다 어떤 생각이나 감정이 일어나면 나의 순수 상태가 부서지고 깨지면서 나는 매우 '개별화'된다. 다시 말해 내가 잠시 '어떤 존재'임을 확인했다가 다시 특정한 개인으로 쪼개지는 것이다. 이곳 지리산에서 나의 삶과 일상은 이런 '확인'과 '쪼개짐'의 교차 반복이다.

당신에게 내가 단지 말할 수 있는 것은, 내 안이 고요할 때 내가 가장 평온하다는 것이다. 나에게는 바로 이 자리가 나의 스위트 스팟이다.

당신에게도 이와 똑같은 일이 일어날 수 있다.

당신에게 책 한 권을 뜬금없이 소개한다. 《내 안의 평온을 아껴주세요》라는 책이다. 나는 이 책의 저자와 전혀 모르는 사이다.

지리산 천왕봉에 이르는 길은 수없이 많다. 그중에서 나는 당신에게 작은 오솔길 들머리 하나를 귀띔한 것이다.

내면의 진정한 '존재'는 누구에게나 적용되는 일반명사다. 그 존재는 고유명사가 아니다.

사람들끼리 또는 사람과 동식물 사이에서도 소통과 공감이 가능한 까닭은 서로 공통분모가 분명히 있기 때문이다. 공통분모는 '생명의 진동파'다.

셀프 텔러

'셀프 텔러self teller'는 자기 안에서 자기 자신과 이야기를 잘 나누는 사람이다. 내가 나의 바깥으로 뛰쳐나가지 않고 마음속으로 조용히 들어가서 나 자신과 소통하는 것이다. 유명한 소통전문강사 김창옥은 셀프 텔러야말로 남과도 소통을 잘한다고 강조한다.

자기가 자신에게 질문을 던지고 스스로 답을 구하는 자문자답을 되풀이하다 보면 점차 가닥을 잡게 되는 법이다. 마음이 이리저리 날뛰지 않고 차분해지는 것이다. 이렇게 잘 추슬러진 상태로 자기 바깥의 세상을 대하면 크게 어긋나거나 삐걱거리지 않고 물 흐르듯 원만한 소통이 가능해진다.

‘셀프 텔링self telling’을 통해 깊어진 사색은 마침내 뿌연 먼지를 털어내고 잔가지들을 쳐내면서 줄기의 생김새가 어떻게 되어 있는지를 찾아내기 시작한다.

자기 안의 조용한 오솔길을 걸어 본 사람은 자기 바깥과도 다투지 않는다. 상대방이나 세상과 부드러운 관계를 만들어 낸다.

복잡하게 얽혀 한쪽으로 심하게 기울어졌던 불균형한 상황은 견디기 힘든 상태에 이르면 반드시 그 반대쪽 매우 단순함을 향해 다시 반동하는 법이다.

세상만사에는 언젠가 균형을 잡으려는 스위트 스팟으로 접근해가는 이치가 숨어 있다. 스위트 스팟은 작용과 반작용을 거치면서 마침내 멈추고 벗어나는 길을 열어 준다.

사람이 올라앉아 있지 않은 빈 그네를 한쪽 방향으로 밀어 보라! 그러면 그네가 어느 순간 마침내 한가운데 균형점에서 멈추는 것을 당신은 목격하게 될 것이다. 스위트 스팟은 빈 그네가 되는 일이다. 그네는 원래부터 비어 있었다.

비워질 때 나타나는 평온함은 당신이 태어날 때부터 아니 그 이전부터 당신이 이미 지닌 DNA다.

인생길은 몹시 흔들리다가 반작용을 되풀이하며 차츰 힘을 빼서 진폭을 줄이다가 마침내 멈추는 일이다. 흔들림은 멈추기 위해 통과하는 자연스러운 현상이다. 흔들림과 싸우는 일은 어리석다.

내 안에서 일어난 갈등을 마치 적군처럼 착각하여 싸울 것인가 아니면 셀프 텔링 할 것인가? 살아가는 동안 당신과 나에게 그 선택권이 주어진 것은 커다란 행운이다.

차라투스트라가 말했다. 우리가 참으로 존재하는 의미를 찾기 위해서는 구걸하거나 맹종하는 마음을 내버리고 스스로 쇠사슬을 풀어야 한다고 …. 그렇게 함으로써 우리는 현재의 시달리는 상태를 초월하여 '건너갈 수 있다'고 ….

초월은 이쪽이나 반사적인 저쪽을 모두 벗어 버린 커다란 자유로움이다. 지나친 먹방과 굶주림에서 해방되는 열쇠는 과식을 피하되 거식증으로 가지 않는 그 중간에 있다.

마음수행자들이 음식을 취할 때 소망하는 기도는 다음과 같다.

"이 최소한의 음식이 주는 에너지가 나의 몸을 충전하여 영혼을 정화하는 일에 잘 쓰이기를 바랍니다."

낯선 사람에게 책을 건네다

지리산 천은사에서 구례 읍내로 이어지는 찻길을 따라 운전하고 있을 때, 터벅터벅 걷고 있는 한 청년의 뒷모습이 내 시야에 들어왔다.

그냥 지나쳐도 될 것을 내가 왜 그 청년에게 말을 건네 붙이게 되었을까. 아침부터 무더운 날씨에 배낭을 메고 뭔가 깊은 생각에 젖어 걷고 있는 듯한 느낌이 나에게 전해졌기 때문이었을까.

나는 길가에 차를 멈춰 세우고 그에게 다가가서 무작정 말을 걸었다. 생뚱맞은 나의 행동에 청년은 잠깐 어리둥절한 표정을 지었다.

"혼자 둘레길을 걷고 있는 겁니까? 저한테 경계심을 갖지 않아도 됩니다. 저는 이곳에서 가끔 글 쓰면서 지내는 사람입니다."

그러자 청년은 이내 부드러운 표정을 지으며 대답했다.

"아! 그러세요? 저는 천은사에서 템플 스테이를 한 뒤 서울에 돌아가려고 기차역까지 걸어가는 중입니다."

그 청년을 마주친 곳에서 기차역까지는 자동차로 가더라도 20분가량 걸리는 꽤 먼 거리였다.

"방금 지나치면서 얼핏 보니 문득 오래전 나의 젊은 시절 모습이 떠올라서 … . 절에서 묵으셨다니까 뭔가 장래에 관해 차분하게 정리하고 모색할 것들이 있었던 모양이죠?"

"네! 그렇습니다. 제 인생에 관해 고민하다가 다니던 직장도 그만두었거든요. 하하하!"

"마침 제 차에 제가 최근에 쓴 책이 있는데 한 권 드려도 될까요? 혹시 장래 고민에 도움이 될지 모르겠습니다."

청년은 38살이라고 했다. 책갈피에 기념으로 그의 이름을 적어 건네려고 이름을 물으니 유명한 배우의 이름과 똑같았다.

"같은 이름을 가진 사람이 성공했으니, 젊은 양반도 성공

하겠네요. 허허허! 모든 일이 순항하기를 바랍니다."

여기서 매우 공교로운 일을 한 가지 덧붙이겠다. 그로부터 불과 3주쯤 지난 뒤 나는 서울의 어느 결혼식장에 하객으로 참석했다. 그때 내가 앉아 있던 테이블 바로 맞은편에 청년과 이름이 똑같은 그 유명한 배우가 앉아 있는 것을 우연히 발견했던 것이다.

세상일과 인연은 참으로 알 수 없고 참으로 묘하다.

경북 청송 산골 조선시대 한옥 고택을 숙박지로 정한 뒤 근처에 가 볼 만한 곳들을 물색했다.

1천 3백 년이 넘는 유서 깊은 고찰 고운사孤雲寺가 멀지 않은 의성에 있다는 것을 알게 되자 무척 반가운 호기심이 일어났다. 먼 옛날 신라 말엽에 글솜씨가 뛰어난 천재 문장가였으며 불과 열두 살 어린 나이에 중국 당나라에 국비유학생으로 건너가 이름을 떨쳤던 고운孤雲 최치원崔致遠 선생과 인연이 깊은 절이었다.

더구나 바로 그 절 근처에 최근 '최치원 문학관'이 세워져 있다니 꼭 가 보고 싶었다. 최치원 선생은 말년에 지리산으로 들어간 이후 종적을 감춘 것으로 전해진다.

그러잖아도 평소 나는 그 인물에 관해 강한 호기심을 갖고 지리산 하동과 산청에서 그의 발자취와 흔적을 더듬는 돋보기를 몇 차례 갖다 댄 적이 있던 참이었다. 시대를 앞서 간 그의 천재성보다는, 그가 깊은 공부를 바탕으로 세상과 인간 존재와 인생에 대해 뭔가 도인道人의 경지에 이르렀음에 틀림없다는 믿음을 갖고 있었다.

나는 혼자 신이 나서 아침 일찍 길을 나섰다. 길은 무척 호젓했다. 가끔 마주치는 농사꾼 외에 나그네라고는 나 혼자뿐이었다.

최치원 문학관에 도착해 시계를 보니 문을 여는 관람시각까지는 아직 한 시간이나 남아 있었다. 하지만 개의치 않았다. 아침 일찍 아무도 없는 숲길에서 이리저리 산책하면 그만이었다. 나에게는 익숙한 일이었다. 오히려 이처럼 오래된 전설이 깃든 장소를 나 혼자 독점하며 맛볼 수 있다는 설렘이 일어났다.

그때였다. 주차장에 소형차 한 대가 들어서더니 바로 내 차 가까이 주차했다. 60대로 보이는 아주머니였다. 소박한 한복차림이었다. 서로 낯선 마주침이었지만, 이런 상황에서 가벼운 아침인사라도 나누지 않는다면 오히려 어색한 일이 될 것 같았다.

내가 먼저 말문을 열었다.

"안녕하세요? 저는 멀리 지리산에서 온 여행객입니다. 실례지만 문학관에서 일하는 분이신가요? 문학관 구경도 하고 싶고 저 안쪽 산속에 유서 깊은 절이 있다 해서 거기도 가 보려고 왔습니다."

제대로 운 좋게 딱 떨어지는 인연을 만난 것이었다. 그 아주머니는 문학관 해설사였다. 금상첨화錦上添花로 무척 친절하고 상냥한 분이었다.

"아! 지리산에서 여기까지 오시다니 … . 귀한 손님이네요. 저는 문학관에 불과 13일 전에 새로 채용되어 아직은 덜 익숙한 편입니다. 고운사는 이 찻길을 따라서 쭉 가시면 금방 나옵니다. 그런데 이따 그 절에 주차하실 때 일주문 근처에 하면 법당까지는 한참 걸으셔야 합니다. 그러니까 날씨도 더운데 걷기 힘드시면 그냥 무시하고 절 건물 근처까지 차를 몰고 가서 주차하면 편하실 겁니다. 호호호!"

그녀의 친절한 귀띔은 한마디로 '꿀팁'이었다. 나는 외딴 산속에서 우연히 맞닥뜨린 그녀로부터 예상 밖의 유익한 정보를 얻자 더욱 기분이 편해졌다.

차에 몇 권 가지고 다니던 내가 쓴 책《가장 큰 기적 별일 없는 하루》를 건네면 좋은 선물이 될 것 같다는 생각이 불쑥 들었다. 나는 처음 본 그 사람에게 그 책을 건네주었다.

그녀는 깜짝 놀라며 무척 기뻐했다. 책이 건네지자 이번에는 내가 깜짝 놀랄 만한 선물이 건너왔다. 고소하고 담백한 수제 빵이 담긴 봉지였다.

"와아! 저한테는 아주 안성맞춤 선물을 주시네요! 제가 일찍 오느라고 아직 아침 요기를 하지 못해서 이따 근처에서 식당을 찾아보려는 참이었는데 … . 와 보니 식당도 찾기 어려운 곳에서 난데없이 맛있는 빵이 생기다니 너무 감사합니다!"

이윽고 나는 문학관의 첫 방문객이 되어 구경을 잘 마쳤다. 고운사의 그윽한 풍광을 가슴 깊이 담을 수 있는 시간이었다.

때마침 법당에서는 예불의식과 설법이 진행 중이었다. 의식을 마친 여러 명의 스님들이 먼저 법당 밖으로 나와 마당 여기저기에 서서, 법복法服 위에 걸쳤던 붉은 가사袈裟를 조심스레 차곡차곡 접어 챙기는 매우 보기 드문 광경도 운 좋게 목격했다.

그중 나이 지긋한 두 스님이 그늘진 숲길을 따라 두런두런 이야기를 나누며 걸어 내려가는 뒷모습을 나는 한참 동안 물끄러미 바라보았다.

같은 방향을 보며 나란히 걸어가는 두 사람의 수행자! 너무나 인상적인 모습이었다. 나는 두 스님의 뒷모습을 휴대폰 카메라에 담았다.

그 후 그 사진은 나의 휴대폰 초기화면의 배경이 되었다. 휴대폰을 열 때마다 나란히 걷는 그 두 사람의 인생길 동행자는, 내가 언제나 '혼자'이되 그러나 결코 혼자가 아니라는 '안심安心 법문'을 지금도 날마다 나에게 던지고 있다.

막힌 가슴을 확 뚫어 주는 바다를 줄곧 오른쪽에 두고서 새벽길 7번 국도를 상쾌하게 달렸다. 나는 드디어 '동해대로東海大路'에 놓여 있었다. 영덕 땅이었다.

아직 하늘이 캄캄하던 새벽 4시 30분에 전날 숙박지였던 경북 내륙 어느 시골에서 출발해, 해가 뜨는 동쪽 방향으로 무작정 차를 몰았다. 이 시간에 그 길을 달리는 사람은 나밖에 없었다.

앞뒤로 다른 차라곤 전혀 보이지 않는 꼭두새벽 고속도로를 질주하기는커녕 오히려 속도를 늦추어 바깥 차선으로 시속 80㎞ 정도로 느리게 달리는 그 기분은 매우 각별하다. 종종 경험해 봤기에 나는 그 맛을 알고 있다.

그럴 때면 세상에 내가 '혼자'일 뿐이라는 생각이 두드러진다. 인생길은 결국 '혼자 가는 길'이라는 느낌이 강하게 들면서 깊은 사색의 고속도로가 된다.

이럴 때 떠오르는 얼굴들이 있다면, 당신은 그 사람들을 사랑하고 있다는 걸 믿어도 좋다. 캄캄한 그 길 위에서 그 사람들이 다름 아닌 나의 '가슴 서랍'에 잘 저장되어 있다가 문득 나도 모르게 꺼내어졌기 때문이다.

나에게는 아내와 두 딸 그리고 몇 명의 친구와 후배들이 떠올랐다. 날마다 내가 이리저리 쏘다니다가 휴대폰으로 직접 찍은 풍경사진들을 전송해 주는 대상자들이다.

이렇게 길 위에서 '그리움의 순간'이 지나고 나면, 내 마음은 다시 무심한 듯 비워지면서 내 눈의 시선은 내 앞의 차선을 따라 집중된다.

그땐 다른 잡념에서 벗어난다. 오직 차선과 하나가 되어 집중 상태로 달릴 뿐이다. 길 위의 명상이 된다. 길 위의 선방禪房이다.

역마살이 강한 나는 오래전부터 내 안의 그 역마살을 화두話頭로 반전시켜 마음집중을 축적해왔다. 축적된 그 힘은 나의 '내면의 중앙선'이 되었다.

영덕에서 나는 계속 북상하여 강원도 최전방 고성까지 가보기로 마음먹었다. 가면서 그냥 마음 내키는 대로 찻길을 벗어나고 싶으면 바닷가 해변으로 향했다.

사람들이 잘 찾지 않을 듯한 바닷가일수록 더 좋았다. 그곳에서 나는 지구의 하늘에서 빛이 내려와 바다를 붉게 적시면서 뭔가 알 수 없으면서도 매우 분명한 '생명의 힘'을 불어넣는 광경들을, 깊이 들이마셨다가 천천히 내쉬는 나의 숨결로 온전하게 느꼈다.

바닷가 포구에는 아직 어부들이 돌아오거나 나서지 않았지만, 백사장에서는 태고太古 이래 한순간도 멈춘 적 없는 파도가 하얀 포말을 일으키며 끊임없이 밀려들었다. 마치 내 마음속 해변에 쉼 없이 생각, 느낌, 감정의 파도가 밀려들듯이 … .

크나큰 물 덩어리로 밀려온 파도는 결국 맨 끄트머리에서는 얇디얇고 힘이 다 빠진 그냥 물 한 줌이 되어 대지의 모래 속으로 스며들어 사라지곤 했다. 마치 수많은 생각, 느낌, 감정들이 마침내 힘이 빠져 내 마음속 어디론가 다시 사라지듯이 … .

울진 기성면을 지나다가 무척 한가롭고 솔숲이 시원한 그늘을 드리운 작은 바닷가가 문득 시야를 사로잡았다. 나는 그 해변 솔숲에서 잠시 쉬어갈 작정이었다.

몇 가구 되지 않는 작은 마을의 이름은 매우 적절했다. '망양望洋'이라는 어촌이었다. '바다를 바라보다.'

문자 그대로 '망양'이었다.

단정한 주차장에 들어서자 마을사람들이 내걸어 놓은 현

수막이 눈에 띄었다. 글귀가 나의 호기심을 자극했다.

"해수욕장을 폐지하고 오토캠핑장으로 전환합니다."

옳거니! 그러잖아도 나의 이번 여행 목적은 '무작정 차박 여행'이었다. 당초 지리산을 나설 때 자동차에 텐트와 침낭과 간소한 캠핑도구들을 싣고서, 여행 방향은 경상북도를 관통하면서 동쪽 그다음엔 동해를 끼고 북쪽으로 크게 ㄱ자를 그리는 전국일주를 계획한 것이었다.

때마침 바로 사흘 뒤가 개장이었다. 화장실 입구에는 마을 할머니 세 사람이 청소를 마치고 앉아서 두런두런 이야기를 나누고 있었고, 나이든 남정네, 즉 할아버지 한 사람이 저만치 따로 떨어져 혼자 앉아 있었다.

노인들은 이른 아침부터 이처럼 외진 바닷가에 찾아온 내가 신기하고 반가운 듯 일제히 나를 쳐다보았다. 나는 한 몸에 시선을 받는 게 괜스레 머쓱해져서 먼저 큰 소리로 "안녕하세요!" 인사를 건네어 어색함을 덜어 보려 했다.

노인들은 순박하고 상냥했다. 내가 할아버지에게 이것저것 궁금한 것들을 묻자 자상하고 친절하게 대답해 주었다.

그들에게도 이른 아침부터 찾아온 내가 작은 마을의 큰

변화 시도에 예감 괜찮은 신호탄처럼 여겨질지 모른다는 생각이 들었다. 그러자 서로 좋은 일이 앞으로 이 마을에 많이 생기길 바라는 마음을 보태고 싶었다.

모래사장에서는 포클레인이 열심히 마무리 단장 작업을 하고 있었다. 모래사장과 솔숲 사이에는 파도를 막아 주는 얕은 담장이 세워져 있었고, 그늘 좋은 키 큰 소나무들 사이로 캠핑 데크들이 여러 군데 가지런히 만들어져 있었다.

굳이 데크가 아니더라도 텐트를 칠 만한 장소들은 여기저기 넉넉해 보였다. 그때였다. 내 차 바로 옆에 세워져 있던 레저 차량의 트렁크가 덜커덕 열리면서 차 뒷문에서 사람들이 내렸다. 트렁크 안에는 온갖 캠핑도구들이 바리바리 실려 있었다.

일행은 세 사람이었다. 어머니와 두 딸로 보였다. 그 어머니는 내 나이 또래쯤이었고 딸들도 나의 딸들과 나이가 비슷해 보였다. 그들은 이곳을 야영지로 정하고 찾아온 모양이었다.

나는 다가가서 인사 겸 말을 건네 붙였다.

"안녕하세요? 반갑습니다! 저는 그냥 길을 가다가 풍광이 마음에 들어 불쑥 들어와 구경 중인데 … . 느낌이 참 좋은 곳을 숙박지로 삼으셨군요. 가족끼리 이런 곳에서 야영하면 정말 좋겠다는 생각이 듭니다."

내가 짐짓 부러운 듯 부추기자 그들은 이내 경계심을 풀고 편하게 대화에 응했다. 짐을 내리던 그 딸은 친절한 성격이 대뜸 드러났다. 이곳에서 숙박하는 절차를 물어보자 아는 대로 상냥하게 가르쳐 주었다.

나는 오늘은 강릉 언저리에서 묵을 계획이었다. 그래서 우연히 들르게 된 이곳의 정보를 머릿속에 담아 두고 잠시 후 다시 길을 나서려는 참이었다.

떠나려고 시동을 걸고 세 모녀를 힐끗 처다보다가, 이런 바닷가 솔숲에서 책을 읽는다면 참 행복할 것 같다는 생각이 들자, 내 차에 놓아둔 책《가장 큰 기적 별일 없는 하루》를 선물해 주고 싶었다. 세 모녀에게 기적 같은 시간들이 주어지기를 바라면서 … .

나는 낯선 길을 서슴없이 잘 가고, 낯선 사람에게 서슴없이 다가서는 편이다. 그러다가 새롭게 펼쳐지는 길을 따라 흐르고, 새롭게 만나는 인연과 비록 한순간이지만 평화롭게 교류하는 경험을 즐기며 누린다.

가끔 상대방이 까칠한 느낌을 주거나 굳게 닫힌 사람인 듯하면 조용히 미소 짓고 물러나면 그만이다. 낯선 사람을 잠깐 스치는 순간에 설득하는 일은 사실상 불가능하니까 ….

항상 마음속에 까닭 모를 적개심을 떨쳐 버리고 그런 부정적이고 비생산적인 것들 대신에 상냥함과 친절함을 지니고 살려고 한다. 그러면 어느 날 우연히 그만큼 더 맛좋고 풍요로운 삶의 레시피들이 뜻밖의 선물처럼 다가선다는 걸 나는 수없는 경험 속에서 터득했다.

친절한 마음을 가진 사람은 대단한 장점을 지닌 매력적인 인간이 될 수 있다는 것을 나는 당신에게 인증한다. 인간人間이라는 단어의 한자 표기를 꼼꼼히 들여다보라! 사람 둘이 서로 기대고 있고, 문 안에서 무엇이 나와서 문을 여는 형상을 하고 있다.

나는 세 모녀의 대표 격인 그 어머니의 이름을 물어 책 안에 적어서 건네주고 다시 길을 나섰다. 그러자 내 생애에 전혀 모르고 살았던 그 바닷가는 그 순간부터 나에게 잊을 수 없는 특별한 바닷가로 바뀌어 마음속에 간직되었다.

삼척 땅 임원항에 접근할 즈음, 꼭두새벽부터 길을 달려 온 고단함이 밀려왔다. 간이 쉼터를 만나면 잠시 휴식을 취 하는 게 좋을 듯했다.

내비게이션을 보니 곧 쉼터가 나타날 것이라고 떴다. 이 윽고 들어선 쉼터는 고즈넉하고 아담하고 편안하고 나무들 사이로 바다가 힐끔 내다보이는 풍경까지 좋았다.

구멍가게 두 개가 나란히 붙어 있었다. 일단 소변부터 보 려고 화장실로 걸어가는 순간, 양쪽 가게에서 모두 주인이 고개를 내밀면서 손짓했다. 한적한 쉼터에 모처럼 내가 나 타난 것이었다.

두 가게의 주인 모두 나의 일거수일투족을 살피면서 눈동 자가 나를 따라 움직였다. 그 순간 나는 저절로 웃음이 터져 나왔다. 코로나 불경기 속에서 더구나 인적 드문 길가 쉼터 에서 나는 '어깨에 힘주는' 귀한 손님이 된 것이었다. 심지어 가게도 한 군데가 아니라 두 개여서 주인들끼리 뭔가 치열한 경쟁 분위기가 있다는 걸 나는 금방 눈치챘다.

거기까진 그래도 괜찮았는데, 내가 화장실을 가는 내내 두 주인의 눈초리는 계속 나를 살폈다. 왠지 쑥스럽고 민망

했다. 그 순간 두 번째 가게의 주인과 나의 눈이 서로 마주쳤다. 나는 웃으면서 엄지손가락으로 화장실을 가리켰다. '일단 급한 볼일부터 봅시다'라는 제스처였다.

그러자 주인아주머니가 호객의 성공 가능성을 직감했는지, 얼른 말문을 열었다.

"(소변 잘 보신 뒤에) 조금 이따 여기서 뭐 좀 드세요!"

음성에도 노래하듯 멜로디가 느껴졌다. 기막힌 장사 솜씨였다. 부드럽게 손님 예약의 밑자락을 펼치는 수완이 돋보였다. 나는 소변을 보면서도 나도 모르게 쿡쿡 웃음이 터졌다. 그리고 마음먹었다.

'저 아줌씨가 나를 웃게 만들었으니 그 보답으로 저 가게를 선택하는 게 맞겠지?'

이렇게 생각하니 또 웃음이 나왔다.

화장실을 나온 직후 나는 그 가게로 직행했다. 다른 한쪽 가게 주인한테는 미안한 일이지만 어쩔 수 없는 선택의 기로였다.

나는 아이스 아메리카노를 시원하고 달달하게 잘 타 달라고 주문했다. 그랬더니 주인은 더운데 안으로 들어와 편히

드시라고 했다.

가게 안으로 들어서자 젊은 여성이 한 사람 더 있었다. 손님이 아니라 종업원인 모양이었다. 첫눈에 걸음걸이가 성큼성큼 동작이 크고 활발했다. 붙임성이 좋아 보였다. 그 순간 주인과 그 젊은 여성의 얼굴을 번갈아 힐끗 보니 두 얼굴이 무척 닮아 있었다. 직감에 어머니와 딸이었다.

"날씨도 더운데 따님이 어머니를 돕는다고 함께 일하시는가 보죠? 두 분 모녀 맞죠? 쏙 빼닮으셨네!"

이런 상황에서 무뚝뚝함이란 별로 보탬 될 게 없었다. 몇 마디 덕담이라도 서로 주고받아야 적절했다.

"요즘 젊은이들은 부모님 일터에 웬만해선 함께 있으려고 하지 않을 텐데 … . 더구나 이런 시골에서 … . 효녀인가 봐요. 보기 좋네요."

자연스럽게 대화가 이어졌다. 딸은 내가 짐작했던 그대로 내 말을 척척 잘 받아넘기며 잘 응대하는 게 느껴졌다. 아까 나를 솜씨 있게 대했던 어머니의 DNA를 잘 물려받은 것 같았다.

이 쉼터 에피소드가 여기서 끝나지 않고 더욱 줄기차게 이어질 수 있었던 까닭은, 내가 내뱉은 한마디 때문이었다.

"나는 삼척 땅을 가끔 지날 때마다 각별한 심정이 들곤 하지요. 옛날에 내가 삼척에서 직장생활을 했거든요."

그러자 두 모녀가 반색을 하며 눈동자를 키우더니 동시에 내게 물었다.

"아! 그래요? 삼척에서 무슨 일 하셨는데요?"

내가 내뱉은 말에 대답하지 않을 수 없는 상황이 되었다.

"허허허! 사실은 … 이곳 방송사에서 일했지요. 지금은 강릉에 있는 방송사와 합쳐졌지만 … ."

모녀는 내게 바짝 다가와 또 질문을 던졌다.

"그렇다면 … 삼척MBC? 와! 거기서 무슨 일 하셨어요?"

공연히 내가 장을 벌인 셈이 되었으나, 진지하게 묻는 표정에 나는 감추거나 얼버무리지 않고 그냥 정직하게 대답하는 게 좋을 것 같다는 생각이 들어 이렇게 말했다.

"거기서 3년간 사장 노릇을 했습니다."

이제 대화를 리드하는 쪽은 내가 아니었다. 모녀의 소나기 수다가 쏟아졌다. 딸이 말했다.

"저는 ○○대학 연극영화과를 나왔어요. 근데 지금은 그쪽 일은 아무것도 하지 않고 여기서 그냥 이렇게 있어요."

그 순간 어머니의 표정이 잠깐 어두워지는 게 보였다. 그런 표정이 무엇을 의미하는지 나 역시 부모이기에 금방 느낄 수 있었다. 그 순간 내 마음속에서 왠지 안쓰러운 감정이 스쳤다. 나는 뭔가 부드럽고 희망적이고 밝은 톤으로 대화를 마무리해야겠다는 생각이 들었다.

"와아! 아주 특별하고 기회가 넓은 전공을 하셨네! 일종의 특수분야 전문가로구먼! 문화예술 전문가! 안 그래요?"

두 모녀는 쉼터에서 멀지 않은 바닷가에서 함께 산다고 했다. 그 딸의 나이는 나의 큰딸과 작은딸의 나이 중간에 이르러 있었다. 아들은 이곳에서 괜찮은 공기업에 다니고 있었다.

아버지는 없다고 했다. 나는 더 묻지 않았다. 다만, 그 어머니의 표정으로 미루어 딸의 장래가 어머니의 남은 과제이자 걱정이라는 걸 알게 되었다.

나는 그 딸에게 '하쿠나마타타'라는 아프리카의 외마디 소망 표현을 가르쳐주었다. '다 잘될 거야!'

쉼터를 나설 때, 나는 모녀에게 두 가지를 선물했다. 어머

니에게는 잇몸 잘 다스린다는 약초 치약을 건넸다. 딸에게
는 나의 책을 건네주었다.

내 차가 쉼터를 빠져나갈 때 모녀는 나란히 서서 매우 열
렬하게 손을 흔들었다. 차가 국도에 진입할 때 우측 열린 창
너머로 모녀가 계속 크게 손을 흔들고 있는 모습이 눈에 들
어왔다.

왠지 쩡한 그 모습은 내 가슴속에 새로 만들어진 또 하나
의 추억 서랍에 간직되었다.

생면부지의 낯선 사람들에게 내가 직접 쓴 책을 불쑥 건
네는 일은 남 보기엔 생뚱맞을지 몰라도 나로서는 꽤 익숙
한 행동이었다.

그것은 내 인생길에서 만난 낯선 것들을 향해 내 마음의 문
을 닫지 않고 오히려 활짝 열어서 뭣이든 새로움을 받아들일
자세를 갖추는 나만의 결단이라고 감히 말할 수 있다. 그것
은 내가 세상으로 또 세상이 나에게로 건너가고 건너오는 썩
괜찮은 징검다리라는 생각이 든다.

그것은 내가 오랜 세월 그토록 찾아다니던 삶의 스위트 스

팟에 동행하기를 선뜻 초대하는 나의 최대치 호의라고 할 수 있다.

무엇인가를 얻기 위해서는 나 자신부터 먼저 내놓아야 하며, 상대방의 마음을 기쁘고 푸근하게 누그러뜨리는 행위는 오히려 나 자신을 넉넉하게 채우는 풍요로운 선물이 된다는 것을 나는 한참의 세월 끝에 알게 되었다.

옛 가르침은 항상 유익하다. 자리이타自利利他! 남을 이롭게 하는 동시에 나 자신도 이로워진다는 뜻이다.

호주 시드니 오페라하우스에 이런 글귀가 적혀 있다.

"태양이 오페라하우스에 반사되기 전에는 태양은 자신이 얼마나 아름다운지를 몰랐다."

상대방을 빛나게 하면 나도 저절로 빛난다.

청담동 해골과 섬진강 산골 散文

부잣집 아들로 태어나 요즘 유행어로 '아빠 찬스'가 좋았던 그 후배는, 오랜만에 만난 나에게 청담동 아지트에 가서 편하게 한잔 더 하자고 했다. 예전엔 압구정 쪽에 아지트가 있지 않았냐고 내가 묻자, 그건 팔았고 청담동에 새로 마련했다고 말했다.

자본주의 사회에서 특히 서울에서 '플렉스'(재력을 과시하는 행위를 말하는 젊은이들의 속어)를 발휘하는 건 역시 돈이었다. 땅값 엄청 비싼 압구정과 청담동에 개인 사무실을 손쉽게 소유하며 바꾸다니 돈이 그렇게 할 수 있도록 만들어 주었으려니 짐작했다.

무려 40년 가까이 국민주택 규모인 작은 20평대 아파트를 보유한 나 같은 처지에서는 평생 그림의 떡 같은 일이었다.

후배의 아지트는 청담동에서도 특히 유명한 패션거리 뒤편에 있었다. 아이돌을 끊임없이 배출하는 아주 소문난 연예 기획사가 가까이 있고, 엄청난 부동산 재력가들이 모여 산다는 그 동네였다.

후배의 아지트는 2층이었지만 엘리베이터를 타고 오르내렸다. 승강기 문이 열리자마자 거기서부터 바로 사적인 공간이었다. 첫눈에 매우 아늑하고 은밀한 분위기를 자아내고 있었다.

"와아!"

감탄이 저절로 터졌다. 왼편 푹신한 소파 위에는 내가 어렸을 적 유명했던 미국 여배우 잉그리드 버그만을 그대로 쏙 빼닮은 그 딸의 큼지막한 초상화가 걸려 있었다.

오른편에는 칵테일 바가 마련되어 있었다. 창문을 가린 벽에서는 수시로 풍경이 바뀌는 영상이 돌아가고 있었다.

바로 그 옆 벽에 매우 특이한 액자가 걸려 있었다. 커다란 해골 그림이었다. 저게 뭐냐고 물었더니 국제적으로 아주 유명한 예술가의 판화라고 설명했다.

그와 함께, 놀라운 대답이 내 귀에 솔깃하게 들렸다.

"저게 시가로 1억 원짜리예요."

'1억 원짜리 해골 그림!'

그 순간, 바로 3주 전에 입적하신 큰스님의 유해가 섬진강에 뿌려지던 날이 머릿속을 스치며 떠올랐다.

큰스님의 육신은 통도사 화장장에서 유언에 따라 장작불 전통 다비식이 아닌 고온의 전기화로에 곧장 옮겨져 순식간에 누런 연기가 되어 사라졌다. 스님의 뼈와 해골은 하얀 가루로 빻아져서 그가 평생 사랑했던 지리산 자락 섬진강에 '산골散骨' 되었다.

두 개의 이야기가 섞인 이 글에서 내가 취하고자 하는 의미는 소유와 무소유의 비교가 아니다. 부자를 괜스레 어깃장 놓는 심경으로 언짢게 바라보거나 평생 깊은 수행자였던 어느 인연을 무조건 숭앙하고자 하는 뜻도 아니다.

'사람은, 인생은 과연 무엇을 위해 사는가?'

누구에게나 공통적으로 주어지며 피할 수 없는 이 필연적 물음을 나 자신에게 그리고 당신에게 되돌리기 위해서다.

회광반조回光返照! 랜턴으로 몸 바깥을 비추지 말고 랜턴의 방향을 거꾸로 돌려서 자기 내면을 비추라는 옛 가르침이다.

청담동 부자의 스위트 스팟과 큰스님이 추구했던 스위트 스팟은 과연 다른 것일까? 값비싼 양초에서 타오르는 불빛과 평범하고 값싼 양초에서 뿜어 나오는 불빛은 과연 다른 것일까?

스위트 스팟은 누구에게나 '공평하고 무사無事할 때' 비로소 진정한 값어치로 작용할 것이다.

무사인無事人

무사인이란 쓰여 있는 그대로 '일 없는 사람'을 가리키는 말이다. 하지만 실업자와는 전혀 거리가 먼 뜻을 가졌다. 마음속에 '일'이라 부를 만한 망념이 일어나지 않고 제대로 텅 비어 있는, 욕심과 집착이 없는 자유로운 상태를 일컫는다.

즉 무사인은 자유인이다. 그물에 걸리지 않는 바람이다. 나는 무사無事할까? Am I safe? 무사하다면 나는 귀인貴人이다. 무사하면 귀한 사람이라고 옛 가르침에 적혀 있다.

저물어가는 섬진강변에서 혼밥을 먹었다. 실제로는 밥은 없었다. 붕어빵과 어묵이었다. 매우 간단한 요기였지만, 이음식을 챙겨온 과정은 결코 간단하지 않았다.

구례에서 광양 백운산 자락 고로쇠로 유명한 옥룡면까지 왕복 거의 100km를 달려서 직접 사온 나의 경건한 저녁식사였다. 1천 원에 3개를 주는 쑥붕어빵 2천 원어치 그리고 엎힐까 봐 따끈한 국물까지 곁들여 담아 준 어묵 4천 원어치였다.

　하찮게 보일지 모르는 나의 이 식사를 스스로 경건하다고 표현한 까닭은, 챙겨온 과정이 녹록지 않아서이다. 어느 누가 붕어빵과 어묵을 챙긴답시고 100km를 달려갈까.

　누가 보면 배보다 배꼽이 더 큰 미친 짓 같지만, 아무도 볼 사람 없고 보여 줄 일도 없으니 그냥 내가 나를 위해 정성 들여 움직인 행보였다. 내가 먹고 싶은 것을 나 자신에게 기꺼이 챙겨 주는 일종의 셀프 선물이었다.

　더구나 그 가게에서 곧바로 먹지 않고 해 저무는 섬진강 변에서 먹고 싶었다. 그래서 사자마자 다시 광양 봉강면을 거쳐 순천 황전 높은 고갯길을 넘은 뒤 구례 간전 땅에 되돌아와 내가 자주 가는 섬진강변 그 쉼터를 식사 장소로 삼은 것이었다. 섬진강의 장엄한 해넘이도 바라볼 겸 요기도 할 겸 그래서였다. 이쯤 되면 경건한 자세 아닌가.

붕어빵을 한 입 베어 물 때, 저 아래 강에서는 낚시꾼 한 사람이 어두워지는 것에 아랑곳하지 않고 찌를 열심히 꼬나보고 있었다. 강에는 낚시꾼이 있었고 쉼터에는 내가 있었다. 보이는 사람이라곤 그와 나, 둘뿐이었다.

가까이 세워 둔 자동차로 가서 음악도 크게 틀어 놓았다. 이제 나는 석양 무렵이면 내가 즐겨 찾는 호젓하고 고즈넉한 이곳에서, 흐르는 강물처럼 잔잔한 평화와 조촐한 식사를 즐기면 그만이었다. 내 마음이 더 이상 원하는 것은 아무것도 없었다.

완벽한 것은 그 작은 부분도 나무랄 데 없이 완벽하다. 내 앞에 놓인 자연의 풍광과 이 작은 몸뚱이를 끌고 다니는 내 안의 존재 사이에는 아무런 저항과 충돌이 없었다.

나는 내 바깥의 평화와 내 안에서 가득 차오른 평화 그 자체가 되었다. 나는 이 평화가 어디서 온 것인지 어떤 성분으로 구성되어 있는지 굳이 헤아리지 않았다.

완벽함에 내 생각을 군더더기처럼 갖다 붙이는 것은 어리석은 짓이 될 뿐이란 걸 알아차렸기 때문이었다.

나는 그저 나에게 주어진 평화 속에 작은 부분이 되어 고요하게 놓여 있었다.

"염기즉각念起卽覺 각지즉실覺之卽失. 망념이 일어나는 즉시 알아차리면 망념은 곧바로 사라진다."

법정스님의 가르침이다.

네 사람의 마지막 모습

세계적으로 유명한 모델이자 패션 디자이너로 인도의 억만장자였던 크리시다 로드리게스는, 암에 걸려 세상을 떠나기 이틀 전에 세상 사람들에게 애절한 유언을 남겼다.

"나는 세계에서 가장 비싼 자동차를 갖고 있다. 그러나 나는 지금 병원 휠체어에 앉아 있다.

나에게는 값비싼 옷들이 많다. 그러나 나는 지금 환자복을 입고 있다.

내 집은 왕궁처럼 엄청나게 크다. 그러나 나는 지금 병원 침대에 의지하고 있을 뿐이다.

나에겐 보석으로 만든 화려한 머리 장식품들이 많다. 그러나 지금 나는 그 장식품을 꽂을 머리카락이 없다.

내 집 냉장고에는 비싸고 몸에 좋은 식품들이 가득하다. 그러나 지금 내 옆에는 약 먹을 물만 덩그러니 놓여 있을 뿐이다.

나는 아주 많은 돈을 가졌다. 그러나 지금 내 병은 돈으로도 고칠 수 없다.

내가 여러분에게 오직 드리고 싶은 말씀은, 살아갈 때 다른 사람들에게 보탬이 되는 기원을 하며 남을 돕는 것, 이것만이 가장 중요하다. 우리의 인생은 너무 짧다."

오늘날 우리나라 게임 산업을 세계적인 선두 반열에 우뚝 서게 만든 게임과 착한 투자의 선구자인 넥슨 창업주 김정주 씨. 그의 갑작스런 별세 소식은 평소 그에게 별로 관심을 가진 적 없었던 나에게 강한 궁금증을 불러일으켰다. 유족들이 입을 다물어 구체적 사망 이유는 자세히 밝혀지지 않았다.

회사 측 설명은 이러했다.

"유가족 모두 황망한 상황이라 자세히 설명드리지 못함을 양해 바랍니다. … 고인은 이전부터 우울증 치료를 받아왔으며, 최근 들어 악화한 것으로 보여 안타깝습니다."

그의 별세 소식을 전하는 신문기사의 한 귀퉁이에 실린 한 줄 표현이 나의 눈길을 끌었다. 그가 평소에 종종 배낭을 메고 혼자 산에 오르곤 했다는 내용이었다.

나는 이 한 줄 기사 속으로 들어가 내 마음의 눈으로 생전의 그를 바라보았다. 그는 엄청난 성공과 까닭 모를 허탈함 사이에서 내면이 오락가락하는 번민 속에 자주 놓였던 것으로 보인다.

대단한 성공으로 세상의 이목 집중을 받는 이면에는, 개인적으로 극심한 압박감과 제대로 숨 돌릴 틈 없는 개인적 일상의 희생이 뒤따랐을 것이다. 그런 상황이 계속 쌓이면 육체와 정신의 모든 에너지가 방전되는 번아웃, 즉 기진맥진의 상태를 맞이하기가 십상이었을 것이다.

다시 말해 그의 마음속 진동추가 한쪽 끝으로 치달았다가, 그 반대쪽 허탈한 감정 세계로 빠져드는 상태가 대칭적으로 되풀이하면서 양쪽의 진폭이 좀처럼 누그러지지 않았을 것이다.

그래서 그는 자기 자신을 심하게 흔드는 그 진동추를 멈추어 보려고 가끔 혼자서 배낭을 메고 어느 숲길과 계곡으로 찾아들었을 것이다. 그는 비좁아진 틈새를 비집고 자기 마음의 안식을 얻어 보려고 절절하게 애썼을 것이다. 폭발 일보 직전의 그 머릿속을 비우고 식혀 보려고 안간힘을 썼을 것이다.

하지만 내가 보기에 그는 '절절함'과 '안간힘'을 마저 놓아 버리고 벗어나는 방법을 잘 알지 못했던 것 같다. 무엇인가를 비우고 버리기 위해 다시 반대 방향으로 '힘'을 들이는 일은 진동추를 멈추지 못한다. 그것은 마음을 여전히 전쟁 상황에 놓이게 할 뿐이다.

이때 오로지 필요한 것은, 자기 마음이 이리저리 매우 번거롭고 시끄러운 상태라는 걸 순간순간 '알아차리는' 일이다. 알아차리면서 그냥 물끄러미 바라보아야 한다. 즉 '마음의 힘빼기'가 이루어져야 한다.

마음은 진동추가 고요하게 멈추는 스위트 스팟을 찾아 나서게 되어 있다. 그렇지 않으면 고통스럽기 때문이다. 하지만 그는 그 오솔길이 모습을 드러내기 이전에 안타깝게도 그만 포기해 버린 것 같다.

부자이든 가난뱅이든 갈팡질팡하는 영혼의 진동추를 멈추는 일은 세상 사는 모든 사람들의 일생에서 가장 중대한 일이다.

김정주 씨가 떠난 날 그의 오랜 친구는 다음과 같이 슬픔을 표현했다.

"같이 인생길 걸어온 나의 벗, 사랑했다. 이젠 편하거라, 부디."

삶의 맨 끝에서 떠나는 사람을 향해 남은 사람들이 기원하는 것은 결국 '평화와 안식'이다. 인생길은 각자 살아온 내막이 천차만별이라 할지라도 마침내 평화와 안식에 이르는 여정임을 이처럼 여실하게 각성시켜 주는 장면은 달리 없을 것이다.

"수녀님은 나중에 세상을 떠나는 순간이 닥치면 어떻게 할 작정이시오?"

봉암사 산속 암자에서 스님과 나 그리고 수녀님 이렇게 셋이 앉아 밥을 먹던 끝자락에 스님은 난데없는 질문을 좌중에 불쑥 던졌다. 그 질문은 나를 향한 것이기도 했다. 스님의 말투와 분위기로 미루어 굳이 대답을 듣기보다는 다른 의중 같다고 느꼈다.

그러던 참에 스님은 다음 말을 꺼냈다.

"내가 암 말기라고 의사가 그러네요. 얼마 남지 않았대요. 나도 처음엔 충격을 받았지만 며칠 지나면서 이제는 마음 정리가 어느 정도 되었습니다."

청천벽력 같은 그 말을 듣는 순간 수녀님과 나는 덜커덕 얼어붙은 표정이 되었다.

스님은 이어서 며칠 안에 암자 생활을 접고 부산 쪽 어느 후배의 절에 의탁하게 될 것이라고 말했다.

그로부터 얼마 지나지 않아 스님의 오랜 도반이 나에게 전화를 걸어 스님의 입적이 눈앞에 다가오고 있다는 소식을 전했다.

입적 하루 전 나는 승려가 아닌 일반 속인俗人으로서는 특별하게 다른 지인 두 사람과 함께 스님과 작별인사를 나누도록 허락되었다.

방 안에 들어서자 스님은 육신의 기능이 꺼져가는 순간 속에서 미동도 없이 아주 가느다란 마지막 숨을 쉬고 계셨다. 열

아홉 소년 시절 출가한 이래 50년 넘게 줄곧 수행의 외길을 걸어온 철두철미한 고독자의 마지막 모습이었다. 그 앞에서 나는 작별의 삼배를 올리며 원하시던 곳으로 잘 떠나시기를 기원했다.

바로 그 순간 놀라운 광경이 벌어졌다. 이미 죽은 사람처럼 꿈쩍도 하지 않던 스님이 갑자기 허공에 두 손을 눈에 띄게 휘저었다. 동시에 무슨 말씀을 하려는 듯 입을 오물거렸고 고개를 치켜들려는 마지막 안간힘을 모으는 동작들이 내 눈에 뚜렷이 포착되었다.

나는 스님이 오랜 세월 동안 강한 인연을 맺어왔던 우리 셋을 향해 침묵 속의 작별보다는 무언가 우리가 알아차릴 수 있는 제스처를 선택하셨다고 느꼈다. 그것은 스님이 최후의 순간까지 정신을 꼿꼿이 가누고 계시다는 반증이기도 했다.

스님은 며칠 전 도반스님에게 유언을 남기면서 뒷정리를 부탁하실 때, '빨리 입적하고 싶다'는 마음을 내비쳤다고 도반스님이 전해 주었다.

내가 과거 평소에 스님을 가끔 뵐 적마다 스님은 일체의 망념을 벗어난 '고요한 경계'를 드나들고 있음을 나에게 슬며시 암시하곤 했다.

스님은 이미 오래전에 지극한 정신집중을 통해 이른바 스위트 스팟에 눈떴다는 것을 나는 나름대로 감지하고 있었다.

가까운 후배의 딸 셋 중에 맏이였던 30대 중반의 그 녀석이 긴 투병 끝에 안타깝게도 생을 마감했다는 부음을 전해 들었다.

나는 그 녀석이 어릴 적부터 알고 지냈고, 나의 큰딸과도 잘 아는 사이였다. 나는 직접 빈소를 찾아 영정 앞에 향불을 꽂으며 미처 못다 핀 꽃이 떨어져 떠나는 길을 향해 두 손을 모았다.

사흘째 되던 날 나는 다시 돌아온 지리산에서 후배에게 카톡을 보냈다.

"별나라로 잘 송별하였는가?"

곧 카톡 창에 사진 한 장이 떴다. 어느새 그의 딸아이가 유골단지에 담겨 있는 사진이었다. 영정 속 그 아이는 웃고 있었다.

내가 이 글에서 언급한 네 사람의 마지막 모습에서 공통적으로 발견하는 점은, 이들의 육체적 목숨을 본인들의 의지와 상관없이 하늘이 거두었다는 것이다.

또 하나의 공통점은 이들이 살아 있는 동안에 각자 자기의 인생길에서 가장 평안하게 놓일 수 있는 '그 지점'을 향해 분명히 끊임없이 모색했을 것이라는 점이다.

스위트 스팟은 꼭 죽은 후에만 갈 수 있는 곳은 아니다. 살아가는 동안에도 당신과 나는 얼마든지 그곳에 들어설 수 있다.

바로 이 점이 스위트 스팟의 비밀이자 특성이다. 당신과 내가 세상에 태어나는 순간부터 스위트 스팟은 이미 삶의 밑바탕이자 출발점이었다. 스위트 스팟은 삶 전체를 관통한다.

지리산에 산안개가 짙게 끼었다고 해서, 지리산이 잠시 가려져 있다 해서, 산이 어디로 사라진 것은 아니다. 산은 언제나 제자리에 우뚝 서 있다.

　산을 가린 안개는 바로 당신의 에고가 자작극으로 펼친 개인적 함몰, 즉 자기만의 생각과 자기만의 감정에 사로잡혀 일반화되기 어려운 잣대일 뿐이다. 관건은 잣대질을 멈출 수 있느냐에 달려 있다.

　지리산은 당신이 무엇인가에 빠져 균형을 잃어버렸다고 해서 사라지지 않으며, 당신이 그런 상태를 벗어났다고 해서 사라지는 게 아니다. 지리산은 늘 그 자리에 잘 있다.

옥수수의 비밀

평생 별생각 없이 먹었던 옥수수에 그토록 엄청나고 정교한 비밀이 숨어 있는지 전혀 몰랐다.

옥수수 한 개에는 보통 약 4백 내지 5백 개의 알갱이가 들어 있는데, 다 자란 옥수수의 끄트머리에 달린 수염 숫자와 알갱이 숫자는 정확히 일치한다는 것이 전문가의 이야기다. 옥수수수염 한 가닥이 알곡 한 개를 관장한다는 것이다.

옥수수의 비밀은 참 놀라운 일이다. 옥수수의 생명 유지 과정이 이렇게 치밀하다는 사실을 알고 나니 그때부터 옥수수는 내게 '한낱 옥수수'가 아니라 '기적 같은 옥수수'가 되었다.

그렇다면 나의 생명은 과연 무엇이 관장하는 것일까? 궁금하지 않을 수 없다. 내가 세상에 태어나겠다고 조른 적 없건만 어느 날 태어났다. 나 떠날 때에도 다른 모든 생명체처럼 나에게도 마감이 척척 알아서 잘 조치하게 될 것이다.

이런 이치 앞에서, 당신과 나는 무슨 반박을 할 수 있을까. 그 관장자가 누구인지 무엇인지 지구상에서 아는 사람 몇이나 될까 모르겠지만, 나의 생명은 분명히 '관장'되고 있다는 점만은 받아들이지 않을 수 없다.

사람마다 생명체마다 각각 타고난 목숨이란 게 있고, 그 목숨의 길이와 건강 상태 그리고 저마다 놓이는 각양각색의 팔자와 운명이 서로 다른 걸 보면, 명명백백한 증거 아닐까.

생명은 틀림없이 무엇인가에 의해 태어났고 펼쳐지고 있으며 이 세상 곳곳에서 시시각각 소멸하고 있다는 것은 부인할 수 없는 엄연한 사실이다.

그러나 우리는 생명이 우리의 핵심이면서도 생명의 기승전결에 대해서는 전혀 아는 게 없다. 당신과 나는 그냥 태어났을 뿐이며, 각자의 물꼬를 따라 강물처럼 흘러갈 따름이다. 저항은 불가능하다.

나의 생명은 그 무엇인가에 의해 춤추고 있을 뿐이라는 가차 없는 사실을 옥수수가 가르쳐 주고 있다.

합 류

해 저무는 섬진강변 길을 인생 저무는 세 사람이 나란히 걷고 있었다. 한창 시절엔 세 사람 모두 잘나갔던 인생이었다.

한때 이들 세 사람에게 세상이 불러 주고 붙여 준 명함상 직업은 정치인, 시인, 방송인이었다. 세 사람은 똑같이 나이 70줄에 막 들어선 참이었다. 세 사람은 인생길 인연으로 연결되어 있었다.

세 사람이 인적 드문 초겨울의 섬진강 상류 오지에서 오늘 만난 연유緣由는, 그중 한 사람이 다른 두 사람에 이어 세 번째로 시골에 노년의 안식처를 마련하게 됐기 때문이다.

세 사람은 제각각 색깔이 다른 인생길을 걸어왔지만, 세월이 흘러 세 사람을 한자리에 모아 놓은 공통점이 있었다.

둘은 이미 시골살이를 하고 있었고, 나머지 한 사람도 시골 생활을 준비 중이었다.

세 사람 모두 여생을 보낼 지리적 장소의 위치만 서로 다를 뿐 이제는 도회지가 아닌 산천 속에 놓여 날마다 자연을 벗 삼아 살기로 한 점은 똑같아진 것이었다.

하지만 결국 같아진 모습은 이들 세 사람의 의지에 따른 선택이 아니었다. 그것은 하늘이 장치해 놓은 '귀결'이었다. 나이가 들어갈수록 왠지 자연을 가까이하고 싶은 까닭은, 하늘이 인간에게 그런 바탕을 태어날 때부터 심어 놓았기 때문이다.

인생을 살면서 누가 어디서 무엇을 하며 지냈든 삶의 끝자락이 향하는 지점은 단 하나밖에 없다. 그것은 바로 '마침표'다. 인생길은 이 마침표 하나를 찍기 위해 잠시 펼쳐졌다가 거두어질 뿐이다.

끝자락에 접어든 인생들은 무조건 단 하나의 대열에 '합류'하여 앞서거니 뒤서거니 하며 줄지어 이윽고 저 너머로 사라진다.

섬진강은 수많은 실개천들이 합류하여 단 하나의 강줄기를 이루면서 끊임없이 저 아래쪽 바다를 향해 흘러내려간다.

세 사람은 단 하나의 강줄기 섬진강변 길에서 만났다. 그리고 더 짧아진 하루해가 서산 너머로 가라앉으면서 어둑어둑한 하루의 마지막 하늘에 낮보다 훨씬 부드럽고 순해진 마지막 볕뉘(내리뻗은 햇살)를 펼쳐 보일 무렵, 그 길 위에서 악수를 나누고 흩어졌다.

세 사람은 작별인사 외에 더 이상 군더더기를 내뱉진 않았으나 각자 이심전심으로 알고 있었다. 해가 저물고 인생길도 저물고 있다는 것을 … .

세 사람은 또 한 가지를 감지하고 있었다. 각자 그리고 셋 모두 나머지 주어진 삶 속에서 더 이상 요동치지 않는 잔잔한 스위트 스팟을 더듬고 있다는 것을 ⋯.

잠시 후 한 사람은 전주 쪽으로 올라가는 국도에 들어섰고, 한 사람은 아래쪽 지리산으로, 그리고 나머지 한 사람은 땅끝 해남으로 향했다.

기분이라는 것

매일 겪는 일이니 당신도 웬만큼은 잘 알고 있다고 생각할 것이다. 기분氣分이란 것에 대해 말이다. 하지만 대부분의 사람들이 기분에 대해 상당히 착각하는 점이 하나 있다.

사람들은 특히 아침에 잠에서 깨어 하루를 시작하려는데 기분이 별로이거나 뭔가 개운하지 못할 때 잘못된 생각에 빠지곤 한다. 다시 말해 부정적인 기분이 들면 마치 꼼짝없이 당하는 일인 것처럼 그 기분을 새롭게 바꿔 볼 시도를 하지 못한 채 포로처럼 끌려가는 경향이 있다. 그런 찜찜하고 꿀꿀한 기분이 자기 바깥에서 들이닥친 달갑지 않은 손님이라도 되는 듯이 말이다.

그러니 그렇지 않다. 기분이란 자기 자신이 스스로 빚어낸 일종의 업業이다. 자기 안에서 비롯되어 자기 안에서 생겨난 일이다. 자기가 콩을 심었으니 콩이 싹튼 것이다.

여기서 가장 기억해야 할 점은 기분은 얼마든지 새롭게 전환될 수 있다는 것이다. 콩 심은 곳에 콩이 났으니 기분의 품종을 바꾸어서 팥을 심어 팥이 나게 하면 된다.

이를테면 청소를 하거나 음악을 듣거나 커피 한잔 혹은 차 한잔을 마셔 보는 것이다. 자기 스스로 기분이 달라지고 나아지고 좋아지는 동기를 만들어 그것을 점점 확장해 나가면 기분은 얼마든지 대체될 수 있다.

마음의 배터리를 교체하는 것이다. 잠시 마음을 그 반대쪽으로 이동시키는 것이다. 다만 그 이동이 투쟁이면 곤란하다. 마음속에 전투가 벌어지면 갈팡질팡만 되풀이할 뿐이다. 기분은 마음의 적군이 아니라 반전의 소재일 뿐이다.

마음의 특성 중 하나는 이를 악물수록 허탕이 되고 재탕이 된다는 것이다. 마음을 근육에 비유하면 억지스런 힘을 빼어 부드럽게 천천히 동작하는 게 바람직하다. 이렇게 하면 마음의 진동폭이 점차 줄어든다. 줄어든 진폭은 어느새 요동을 벗어나 가만히 '멈추는 지점' 가까운 곳에 접근한다.

훌륭한 목동은 소떼나 양떼를 난폭하게 다루지 않는다. 사람의 마음속에는 수많은 소떼와 양떼가 있다. 하루에 일어나는 생각의 가짓수는 무려 수천, 수만 개에 이른다. 당신은 이것들을 다 어떻게 처리할 것인가.

기분이란 것도 너무 무겁거나 버거우면 결국 스위트 스팟을 찾아다니게 되어 있다. 스스로 주저앉거나 무너지지 않고 기분의 작용과 반작용의 이치를 잘 활용하면 당신의 기분은 새롭게 달라질 수 있다.

기분이 좋지 않은 쪽에 놓여 있을 때, 그런 기분을 가만히 바라보면서 콧구멍을 드나드는 들숨 날숨을 챙겨 보라! 무기력한 기분이 찾아왔다는 것은 그 반대로 생기와 활기도 찾아올 수 있다는 반증이다.

기분은 순간적인 것일 뿐 온종일 또는 일생 내내 당신을 지배하는 천하무적이 아니다. 천하무적은 당신 내면의 '고요함'이다. 요가를 잘하는 가수 이효리는 분명히 고요함의 맛을 알게 되었을 것이다.

각색귀일 各色歸一

나에게 주어진 시간도 그들에게 주어진 시간도 매우 공평하게 오늘 하루뿐이었다. 각자 놓인 공간만 달랐다. 하지만 공간이 다른 것은 별반 차이로 느껴지지 않았다.

아까 한국 시간으로 오늘 아침이었을 때, 미국의 어느 유명 대학에 연구원으로 가 있는 후배 P가 자기의 혼밥 메뉴를 찍은 사진 두 장을 SNS 창에 띄웠다. 평소 이렇게 간소하게 식사한다는 암시였다.

사진 한 장에는 작은 플라스틱 접시에 주황색 호박 한 조각이 달랑 놓여 있었다. 호박 옆에는 커피 숟가락 크기의 흰색 작은 플라스틱 숟가락이 보였다. 두 번째 사진 속에는 다소 싱겁게 버무린 듯한 메밀국수가 찍혀 있었다.

비슷한 무렵에 이번에는 유럽 핀란드에 여행 간 친구 K로부터 온통 눈 덮인 숲길을 개썰매를 타고 달리는 동영상과 함께 오로라를 배경으로 한 달밤 풍경이 날아들었다.

　그리고 주말이면 전주에 자주 내려오는 친구 J에게 안부 전화를 걸었다가 전혀 예상치 못한 근황을 듣게 되었다. 스페인에 한 달 살아 보기 하러 와 있다고 했다. 스페인의 대중교통을 이용해 재래시장에 가서 장도 보고 길거리를 어슬렁거리기도 하면서 한국 생활과 별로 다르지 않은 일상을 보낸다는 소식을 전했다.

　나의 오늘 교신에는 또 다른 한 사람이 들어와 잠시 자기의 꿀꿀한 속내를 내비치고는 퇴장하였다. 지리산 너머 산청 땅에서 지내는 후배였다.

　나는 오늘 아침에 호박죽에 빵 한 조각 그리고 사과를 곁들여 요기를 한 뒤, 차를 몰고 순천에 다녀왔다. 며칠 동안 열리는 임시특설매장에 간 것이었다. 내가 챙긴 물건은 두 가지였다.

　하나는 작은 글자도 잘 보이는 2만 원짜리 신상품 안경이

었다. 또 하나는 간편하게 손에 끼워 방바닥이나 창틀을 말
끔하게 청소해 주는 1만 원짜리 특허품 청소도구였다.

나는 나머지 온갖 물건들과 먹거리에는 관심을 두지 않고
곧장 밖으로 빠져나와 다시 구례로 돌아왔다.

산자락 구들방에서 새로 사온 안경이 선명하게 잘 보이는
것에 흡족했고, 손잡이 청소걸레가 방바닥 부스러기들을 깔
끔하게 치우는 것에 만족했다.

혼밥 점심으로 오랜만에 라면을 끓여 이웃한테서 얻은 백
김치를 반찬 삼아 맛있게 먹었다. 라면 봉지에 적힌 유통기
한을 살펴보니 무려 1년도 훨씬 더 지났다는 걸 알게 됐지만
개의치 않았다. 약 3시간쯤 지난 지금 이 순간까지 뱃속이
아무렇지도 않으니 탈 없이 훌륭한 한 끼였음이 증명된 셈
이다.

매서운 추위가 꽤 누그러진 것 같아 구들방 바깥 평상 의
자에 잠시 앉아서 해바라기를 했다.

간간이 바람이 불었는데, 매서웠던 냉기가 많이 빠진 듯
순한 바람이었다. 바로 앞 화단에 심은 작은 매화나무는

잎사귀가 모조리 떨어진 벌거벗은 가지들을 무심하게 드러내고 있었다. 그 왼편에 키 작은 철쭉은 녹색 이파리들을 여전히 잘 매달고 있었다.

하지만 나는 작년 이맘때 그랬듯이 앙상한 나무들의 비밀을 알고 있었다. 눈에 보이지는 않아도 저 나무들의 내면에서는 흙에서 빨아올린 수분이 햇살과 더불어 쉼 없는 생명 작용을 오케스트라처럼 합주하고 있다는 것을 … . 그리고 결국 겨울은 머잖아 봄에게 계절의 자리를 내놓게 된다는 것을 … .

계절을 잘 느끼려면 계절의 현재에만 빠져서는 충분치 않다. 계절은 항상 두 계절이 동시에 진행된다. 겨울과 봄은 분명코 합주곡이다. 봄과 여름도 그러하고 여름과 가을도 그러하며 가을과 겨울도 마찬가지다. 계절은 언제나 이중주다. 계절은 저 혼자서만 독주하지 않는다. 계절은 틀림없이 서로 맞물려 순환한다.

지리산 기슭에 겉보기에 혼자 놓인 내가 여기에 있고, 저 멀리 지구 반대편 미국과 핀란드와 스페인과 산 너머 산청에 나와 동떨어진 것처럼 여겨지는 그들이 있다.

하지만 그들과 내가 무엇인가로 연결되어 있고 서로 맞물리며 살아간다는 것은 참으로 신통한 발견이다. 우리는, 당신과 나는 비록 겉모습은 개별적일지라도, '오늘 하루 지금 여기'라는 부인할 수 없는 연결고리로 한 줄로 이어져 있다.

당신이 세상과 사람들로부터 단절되어 있다고 생각한다면 커다란 착각이다. 그것은 당신의 머릿속에 당신 스스로 개념화한 에고의 자작극일 뿐이다. 그런 당신은 스스로 파놓은 우물 안에 갇힌 것이다.

당신은 당신이 생각하는 것보다 훨씬 더 크고 깊다.

구들방 바깥 평상에서 해바라기를 할 때, 하늘에는 각기 다른 모양의 구름들이 어디론가 흘러가고 있었지만 그 구름들은 같은 하늘 품에 안겨 있었다.

구름들은 시시각각 모습을 바꾸며 어디론가 또 사라지고 있었지만, 그 변화무쌍함은 대지와 더불어 하늘을 완성하고 있었다.

당신과 나는 제아무리 제각각이어도 저항할 수 없는 하나일 뿐이다. 외로움은 비좁은 우물이지만, 고독은 우주를 달리는 영혼의 우주선이다.

'각색귀일_{各色歸一}'이란 이 글의 제목은 내가 붙여 본 표현이다. 사람마다 살아가는 모습, 즉 명색은 각각 다르더라도, 모든 인생들은 오직 하나의 맥락으로 집결한다.

궂은일 기쁜 일

"아이쿠! 요것이 뭔 난리여 시방!"

아침에 일어나 부엌 쪽에 갔더니 바로 옆 탕비실에서 '쏴아' 하며 물 쏟아지는 소리가 크게 들렸다.

덜컥 놀라 들여다보니 한동안 틀어 놓은 적 없는 수도전 몸통에서 가느다란 물줄기들이 이리저리 사방으로 뿜어 나오고 있었다. 동파였다. 큰 낭패였다.

우선 물줄기부터 잡아야겠기에 후다닥 잰걸음으로 마당에 달려갔다. 급수 밸브를 서둘러 잠갔다.

곧바로 나의 분투가 시작되었다. 작업하기에 옹색한 구석진 위치의 수도전 이음새 볼트를 몽키스패너로 한참 동안 낑낑거리며 풀었다.

서툰 손동작에 도구가 헛돌면서 몇 번이나 손가락을 찧었다. 엄청 아팠다. 순간 화가 치밀었지만 화내 봤자 사태 수습에는 전혀 소용없는 짓이라는 걸 알았기에 마음을 가라앉혔다.

'그래! 별로 할 일도 많지 않은 독거인생인데 오늘 하루는 이 작업을 하며 지내라는 하늘의 배려라고 생각하자.'

나는 마음을 돌려먹고는 서두르지 않고 찬찬히 해결하기로 했다.

마침 여분의 수도전 부품이 있어 일단 교체를 시도했다. 풀고 조이고 또 풀었다 조였다를 반복한 끝에 교체가 마무리되었다.

다시 마당으로 가서 급수 밸브를 열었다. 그러나 아뿔싸! 탕비실에 돌아와 보니 아까처럼 또 물줄기가 이리저리 뿜었다. 허탕 친 셈이었다.

또 마당에 가서 밸브를 잠갔다. 담배 한 대를 입에 물고는 잠시 숨고르기를 했다.

'자! 이제 내가 마지막으로 해볼 만한 시도는 읍내 철물점에 기서 수도전 새 부품을 챙겨와 두 번째 교체작업을 하는

것이다.'

그러려면 세수부터 하고 옷도 갈아입어야 했다.

잠시 후 철물점으로 향했다. 나를 처음 대하는 철물점 직원은 야무지게 거래를 했다. 나에게 이미 있는 샤워기까지 달린 부품 한 세트를 통째로 구입해야 한다며 으름장을 놓은 것이다. 그 바람에 실랑이가 벌어졌다. 나로서는 샤워기는 살 필요가 없었다.

실랑이를 지켜보던 주인아주머니가 나를 기억하고는 선뜻 아량을 베풀었다.

"그냥 몸통만 드려!"

한마디에 옥신각신은 끝이 났다.

"아주머니! 새해 복 많이 받으세요!"

나는 인사로 감사를 표했다. 아주머니는 미소를 지었다.

탕비실에 돌아온 나는 씨름을 계속했다. 마침내 새 수도전이 설치되었다. 하지만 혹시라도 하는 생각에 도구함을 뒤져 방수테이프를 찾아냈다. 테이프를 연결부위에 힘껏 감았다.

'이번엔 성공일까? 물거품 낭패를 맛보려나?'

저절로 기도하는 간절한 마음이 되었다. 다시 한번 마당 급수 밸브를 열었다.

탕비실로 향하는 그 짧은 순간에 나의 모든 감각은 귀로 쏠렸다. 물소리가 들리면서 가슴이 두근거렸다.

"만세! 만세! 만만세!'

물은 얌전하게도 다른 곳으로 새어 나가지 않고 수도꼭지 한 곳에서만 콸콸 쏟아졌다.

"장하다! 독거노인! 드디어 해냈구나!"

스스로를 기특하게 느낀 나는 실제로 이렇게 혼잣말을 중얼거렸다.

나는 물이 탈 없이 쏟아지는 광경을 휴대폰으로 찍어서 서울의 가족에게 즉시 인증샷을 날렸다.

아까 작업 도중에는 일부러 가족에게 알리지 않았었다. 오만 걱정과 핀잔에 일일이 대꾸하려면 그것 또한 버거운 설상가상이 되어 내 속만 더 시끄러워질 것을 피하기 위해서였다. 가족에게는 낭패를 알리기보다 성공 소식을 알리는 게 훨씬 나을 듯했다.

그것은 현명한 판단이었다. 잠시 후 가족으로부터 찬사가 이어졌다. 순식간에 나는 장한 남편이자 장한 아버지가 되었다.

이른 아침 나에게 닥친 얄궂은 일은 불과 몇 시간 뒤에 축하를 받는 기쁜 일이 되었다.

한바탕 푸닥거리가 끝나자 속이 개운하고 후련했다. 어느새 시간은 점심을 훌쩍 지나 오후 2시가 넘었다. 그러고 보니 아침 요기를 빵 한 조각에 커피 한 잔으로 때웠던 게 생각나면서 배가 출출했다.

그런데 이렇게 경사스러운 반전을 맛보게 된 날에 나의 늦점심을 집에서 빈약하게 먹는다면 내가 나를 푸대접하는 꼴이라는 생각이 들었다. 단골식당에 가서 든든한 떡국으로 자축하고 싶었다.

친절하고 상냥한 식당 사람들은 뒤늦게 나타난 나를 귀찮게 여기지 않고 반갑게 맞이해 주었다. 내가 주문한 떡국 외에도 유부초밥, 군만두, 마탕, 그리고 후식으로 감과 배를 깎아 나의 혼밥 상차림을 푸짐하게 만들어 주었다.

졸지에 나는 극진히 대접 받는 VIP가 되었다. 기분이 좋아진 나는 오늘의 무용담을 자랑하며 너스레를 떨었다. 또 찬사를 덤으로 받았다.

공교롭게도 아까 아침에 멀리 경상북도 영양 깊은 산골에서 혼자 수행하면서 지내는 좋은 인연의 스님으로부터 오랜만에 휴대폰 문자창에 사진 한 장이 떴다. 스님은 서화書畵 솜씨가 뛰어난 분이었다.

"수졸거무구守拙居無懼 안분지상신安分志常伸. 못난 대로 살면 두려울 것 없고, 분수를 지키면 언제나 떳떳하네."

풀이를 함께 적어 써 내려간 새해 인사 편지였다. 스님의 편지는 오늘 나에게는 딱 들어맞는 가르침이 되었다.

오늘 일어났던 궂은일은 손등이었다. 반전을 일으킨 기쁜 일은 손바닥이었다. 둘 다 같은 손에서 벌어진 것이었다. 살면서 오락가락 겪는 일들은 늘 이렇다.

일들이 오락가락하는 까닭은 스위트 스팟을 찾아가느라 그렇다.

진지함이 놓치는 것들

참으로 오랜만에 우연히 다시 연락이 닿게 되어 만난 그 후
배는 열심히 살아온 느낌이 역력했다. 내가 소식을 모르고
지냈던 그동안에 그는 자식들을 키우고 삶을 안정된 기반
위에 올려놓기 위해 무진 애를 썼음이 그의 이야기를 통해
드러났다.

그와 나는 아주 오래전에 지리산 어느 대피소에서 처음
알게 되었다. 그에게선 늘 진실한 분위기가 풍겼고 우리의
대화엔 별다른 장애물이 없었다.

하지만 세월이 한참 지나 그를 다시 만났을 때, 나는 그에
게서 여전함을 읽으면서도 한편으로는 왠지 윤기가 빠져 있
는 듯한 느낌을 엿보았다. 그의 진지함과 성실함은 변함없었

지만, 그의 표정에 자연스럽게 묻어나던 웃음과 미소는 보이지 않았다. 그 대신에 가끔 어떤 슬픔 같은 것이 스쳤다.

그를 만나고 지리산으로 돌아오는 고속도로 휴게소에서 나는 그에게 꽤 긴 카톡 편지를 띄웠다.

"한 번뿐인 인생길에서 훗날 자네의 인생을 되돌아보았을 때, 거기에 자네 자신은 정작 잘 보이지 않고 어떤 노릇이나 역할을 했던 것들만 남아 있다면, 왠지 커다란 아쉬움이 찾아올지도 모르겠군. 자네 자신에게 조금 더 부드럽게 대해보게."

나는 그에게 셀프 텔링을 권유한 것이었다.

살아가면서 어떤 일이나 관계를 붙들고 지내든 아니면 그것들을 벗어나 살든, 최종적으로 만나는 것은 결국 자기 자신이다.

살아가는 동안 진지함은 물론 훌륭한 덕목이다. 하지만 삶은 그 지점에서 이야기를 끝마치지 않는 법이다. 삶을 과연 잘 누렸느냐는 질문은 아직 그대로 남아 있다.

그런 점에서 자기 밖의 일에만 몰입해온 인생은 다소 위

험하다. 허탈함이 난데없이 끼어들어 그를 강하게 사로잡기 때문이다. 이때 인간은 끝 모르게 무기력해진다. 저 아래 허망함의 낭떠러지로 추락하기가 십상이다.

사실은 바깥일 하려고 태어난 인생은 없다. 거기는 인생길의 종점이 아니다. 당신과 내가 태어난 이유는 따로 있다. 바로 인생 자체를 깨닫기 위해서다. 삶은 덧없다. 머물지 않기 때문이다.

삶은 사실상 순간들의 집합체다. 지나간 과거의 일들이 훗날 산더미처럼 당신 앞을 가로막는 지경에 놓이게 하지 말라. 삶이 아주 소소하게 당신 앞에 있을 때 그 삶에 진지함 외에 다른 레시피를 가미해 보라!

잘 살아가는 일은 당신의 예상보다 훨씬 단순하지만, 의외로 녹록지 않다. 길이 크게 빗나가게 하지 않으려면, 당신은 수시로 자기 삶의 모습을 '알아차려야' 한다.

삶은 매우 흥미로운 숨바꼭질이다.

2월 초하루

아침에 일어나 달력을 쳐다보다가 달력 첫 장을 떼어냈다. 어느덧 달이 바뀌어 2월 초하루가 된 것이었다. 어제 흘러간 구름 따라 어느새 1월이 어디론가 사라진 것이었다. 사흘 뒤가 입춘立春이고 나흘 뒤는 정월 대보름이 다가서 있었다. 달력을 쳐다보고 있으면 내가 흘러가고 있다는 걸 여실히 알아차리게 된다.

마당 소각통에 가득 찬 종이 쓰레기들을 태운 뒤 연기를 잠재우려고 고무호스 분사기를 작동하는 순간, 물줄기가 사방으로 튀는 바람에 졸지에 물벼락을 맞았다. 분사기가 한파를 겪으면서 동파된 것이었다. 나머지 또 하나 있는 분사기를 작동했다기 또 한 번 물벼락을 뒤집어썼다. 그것마저 파손된 것이었다.

엊그제 탕비실 동파를 당한 데 이어 이번엔 마당 분사기 두 개가 몽땅 망가진 것이었다. 초하루 아침부터 일거리를 만들어 준 셈이었다.

새 분사기로 교체하려면 또 읍내를 다녀와야 했다. 어차 피 세수는 해야 할 판이고 나들이하려면 옷도 갈아입어야 했다. 왠지 집에서 아침 요기를 하기보다는 차라리 아점으 로 외식 혼밥을 챙기는 게 정황상 나을 듯했다.

나는 동파 탓에 연거푸 번잡함을 겪지만, 철물점 아주머 니는 동파 덕분에 연이어 매상을 올렸다. 아주머니는 빙그 레 웃더니 내가 찾는 새 분사기를 얼른 찾아서 내밀었다.

분사기는 잘 갈아끼웠다. 잘 작동되었다. 그 와중에 검지 손가락을 쇠붙이에 찧는 바람에 살갗이 다쳐 피가 보였다. 연고를 바르고 반창고를 붙이는 일이 추가되었다.

마당 수돗가 시멘트 틈새로 앙증맞은 잡초 이파리 몇 개 가 얼굴을 내민 것을 발견했다. 동파를 겪는 와중에도 그 여 린 생명체는 누가 보든 말든 상관없이 새싹을 틔운 것이다.

위대한 탄생이었다.

나는 신기하고 반가운 마음으로 그 작은 풀 앞에 쪼그려 앉아 한참을 들여다보았다.

'아아! 드디어 봄이 슬며시 다가오고 있구나!'

나는 휴대폰 사진을 찍어 가족과 지인들에게 조용한 봄소식을 전했다. 조금 전 읍내를 다녀오는 길에 찍은 2월 초하루 햇살과 그 햇살이 물에 비쳐 반짝이는 윤슬(물 반짝임) 풍경도 곁들여 보내 주었다.

소식을 전해 받은 사람들은 모두가 기뻐했다. 소식이 전해진 곳 중엔 미국도 있었고, 내가 일했던 방송사 어느 후배들의 사무실도 포함돼 있었으며, 정부 고위직의 근엄한 집무실도 끼어 있었다. 봄소식은 못 넘어갈 문턱이 없었다.

단골식당에서 혼밥을 먹을 때, 근방에 사는 후배가 어린 딸 둘을 데리고 나타났다. 식당을 나설 때 나는 주인에게 목소리를 낮추어 후배 일행의 밥값을 묻고는 조용히 계산을 치렀다. 이 후배도 작년 어느 날 나의 밥값을 조용히 치른 적이 있었다.

산마을로 돌아오는 길에 후식으로 붕어빵을 샀다. 달달하고 따끈한 붕어빵을 야금야금 베어 먹으며 햇살이 가득히 내리쪼이는 들판 사이를 천천히 달렸다. 그때 라디오에서는 잔잔한 바이올린 음악이 흘러나왔다.

저수지 앞에서 잠시 차를 멈추었다. 그리고 2월 초하루가 잘 열린 것에 감사했다. 나의 하루는 완벽했다. 더 이상 중요한 일도 더 이상 해야 할 것도 없었다. 나는 이 하루의 스위트 스팟에 놓인 나 자신의 모습을 응시했다.

산자락 내 구들방 벽에는 세상에 큰 이름을 남긴 정치인이 한창 시절에 직접 내 이름을 적어 선물한 친필 붓글씨가 걸려 있다. 당시 나는 그를 취재하던 담당기자였다.

그것은 옛 시詩의 한 구절이다.

"양춘포덕택陽春布德澤 만물생광휘萬物生光輝.

따사로운 봄기운이 두루 퍼진 덕분에 만물이 생동하며 빛나는구나!"

이 글을 읽게 된 당신에게 지리산의 봄소식을 전한다.

대보름날

온 마을에 들리는 스피커에서 아침부터 이장의 목소리가 공지사항을 알렸다.

"오늘은 정월 대보름날입니다. 경로당에서 점심 회식이 있으니 마을 주민 여러분은 빠짐없이 참석하시길 바랍니다!"

듣는 순간 나도 모르게 웃음이 터져 나왔다. 왜냐하면 나부터 빠질 판이었으니까.

사실 나는 마을에서 지낸 지 10년이 넘었지만, 마을 회식에 딱 한 번 갔다. 맨 처음 상견례 하는 마을잔치에 내가 당사자이다 보니 어쩔 수 없이 참석했던 것이다.

무슨 이유나 사정은 없었다. 그냥 그런 자리에 끼는 것이 나로서는 왠지 불편하고 내키지 않아서였다. 요즘 말로 나의 캐릭터 때문이었다.

마을 사람들은 내가 마을에서 지내는 것을 알고는 있다. 나로서는 폐쇄적으로 살아온 적은 없다. 몇몇 사람들과는 친숙하다. 하지만 덜 친하거나 잘 모르는 사람들과는 말을 섞는 경우가 거의 없었다.

적극적 소통을 하는 편도 아니고 그렇다고 아예 불통도 아닌 어중간한 이웃사람이 된 것이다. 별 내막도 없이 그냥 그렇게 되었다.

오전 10시쯤 되어 늦은 아침 겸 점심을 챙기러 차를 몰고 단골식당에 갔다. 단골이었지만 어쩌다 보니 꽤 오랜만에 간 것이었다.

주방 최고참 할머니가 혼자 식당을 지키고 있었다. 할머니는, 아니 그 누님은 돋보기안경 너머로 나를 살피더니 곧 알아보고 환한 표정을 지으며 상냥하게 인사를 건넸다.

"아이고 오랜만이오! 요샌 통 안 오시더니 ⋯ ."

"하하하! 살다 보니 그렇게 됐습니다. 잘 지내셨지요?"

"대표는 일 보러 서울 갔고 딴 사람도 아직 안 나오고 나 혼자 있그마!"

"에구! 혼자 애쓰시네요. 힘드실 텐디 … ."

세프 할머니는 낱개로 포장한 두부들을 냉장고에 넣고 있었다. 나는 얼른 도와드렸다.

"뭐 드실라요?"

"순두부찌개 먹을 수 있나요?"

할머니는 반찬 일곱 가지를 접시에 곱게 담아 내가 앉은 테이블 위에 가지런히 놓았다. 겉절이 김치, 시금치, 깍두기, 절인 오이, 메추리 알, 토란, 연뿌리 이렇게 푸짐하게 차려 주었다.

부글부글 잘 끓여 김이 모락모락 피어오르는 순두부찌개와 밥 한 공기가 상차림을 완성했다.

나는 숟가락을 집어 들기 전에 그 상차림을 휴대폰으로 찍어 서울의 가족에게 즉시 전송했다. 명색이 대보름날인데 내가 허접한 식사를 하지 않고 그럴듯한 포식을 잘하고 있으니 염려 말라는 뜻이었다.

가족으로부터 곧 답장이 떴다.

"맛있게 드세요. 감사하네요. 다행이네요."

식사 후 꽤 멀리 떨어진 단골카페에 갔다. 나들이할 때 나의 하루를 열어 주는 아이스 아메리카노를 챙기기 위해서였다. 거의 매번 내가 카페의 첫 손님이었다.

"서울 가신다더니 생각보다 빨리 내려오셨네요?"

"하하! 서울 가도 늘 오래 못 있어요."

"가족들하고 좀 지내다가 오시지 … ."

"그렇긴 한데 가족들도 각자 자기 볼일이 있잖아요. 근데 그것보다는 나 스스로 오래 못 있어요. 사람들 만나러 다니는 일도 번거롭고 성가시고요. 서울 가서도 혼자인 경우가 많지만 그래도 나한테는 지리산이 백번 낫지요. 하하!"

"작가님이라 그러신가?"

주인은 웃으며 맞장구를 쳐주었다.

내가 글 쓰는 작가라서 지리산에 있다는 건 나한테는 도무지 말이 되지 않는 것이 사실이었다. 앞뒤가 뒤집힌 얘기였다. 나는 퇴직하여 그냥 고향 지리산에 살고 싶어 내려온 사람이었다. 방해받지 않고 세상에 크게 얽혀들지 않고 그저 잔잔하게 살고 싶어서였다.

주변 사람들은 이렇게 사는 나를 생뚱맞은 인간처럼 쳐다

보았지만, 그건 나한테는 전혀 상관없는 일이었다. 그건 나의 일이 아니었다. 나의 일은 혼자 나 자신을 추스르고 내려놓고 비우는 것이었다.

훗날 내가 세상을 떠날 때 나는 내 안의 '어떤 존재' 그것 하나 달랑 챙겨 어디론가 가게 되리라는 걸 나는 일찌감치 눈치채고 있었다.

다음 행선지는 온갖 물건 다 있다는 상호를 가진 잡화점이었다. 거기서 나는 투명 플라스틱 박스 3개를 샀다. 운전할 때 조수석에 놓아둔 물건들이 하도 잡다해서 정리가 필요했다.

첫 박스에는 겨울모자들을 담았다. 털모자와 벙거지, 헌팅캡, 귀마개, 목도리 등이었다.

두 번째 박스에는 책을 담았다. 《참된 명상》, 《중도中道란 무엇인가》, 《차라투스트라는 이렇게 말했다》, 이렇게 세 권은 오래전부터 내 차에 늘 갖고 다니면서 틈틈이 읽고 또 읽어온 책들이었다. 나머지 두 권은 세계사 한 권 그리고 며칠 전에 구입한 배우 김혜자 씨의 《생生에 감사해》란 책이었다.

세 번째 박스에는 치약, 칫솔, 양주가 조금 담겨 있는 뒷주머니에 넣을 수 있는 납작한 금속 병, 휴대폰 충전 잭, 민트사탕, 담배 담는 작은 가죽주머니, 구강세정제 등을 넣었다.

방물장수처럼 물건들이 잡다했지만, 이것들은 바로 내 옆 조수석을 차지할 만한 내 삶의 또는 내 일상의 조수들인 게 맞았다. 이렇게 갖춘 채로 나는 온갖 곳들을 마치 '준비된 방랑자'처럼 쏘다니며 살아오고 있었다.

나는 꽤나 익숙한 '호모 모투스Homo Motus', 즉 '움직이는 인간'이었다. 하지만 나는 알고 있다. 내가 어디를 가든 내 안의 '그놈'은 단 1초도 나를 떠난 적 없이 내가 태어났을 때부터, 아니 그 이전부터 무려 70년 이상 항상 나하고 동행 중이란 것을. 내가 앞으로 얼마를 더 살지는 모르겠으나, 나는 바로 그놈이 내 안에 있는 채로 나의 생을 마감해야 한다는 것을. 이 '물건'은 내가 가장 똑바로 가장 잘 알아야 할 그놈이었다.

밤이 되자 지리산에 둥근 보름달이 솟아올랐다. 그 달을 볼 수 있어 다행이었다. 달의 모양은 모난 구석 없이 참으로 원만했다.

　이곳 지리산에서 달구경을 참 많이 했다. 하지만 지금 이 순간에 내 앞에 있는 달은 내 평생에 지금 이 순간 딱 한 번밖에 볼 수 없는 귀하디귀한 달이다. 나는 달 기운을 깊이 들이마셨다.

　달은 둥그런 보름달이 되기까지는 더딘 듯 보인다. 그러나 일단 보름달이 완성되고 나면 불과 며칠 사이에 이지러지면서 다시 조각달을 만들기 위해 자기 모습을 금방 감추기 시작한다.

　달에게 마음을 두기 시작하면 달은 가득 차자마자 곧 비

워내기 시작한다는 걸 금방 알 수 있다. 하지만 비우는 과정
은 다시 채워지는 것이기도 하다. 채운다고 할 수도 없고 비
운다고 할 수도 없는 저 달은 그 어느 쪽에도 무게를 두고 있
지 않다. 달은 순환이다.

 저 달 아래에서 줄곧 살아온 나도 일직선이 아니라 순환
하는 것 같다. 당신도 달 아래에 놓여 있다.

편하고 개운한 지점

"긴 세월 무명배우였다가 막상 큰 상을 받고 보니 갑자기 수직 상승하는 상황이 엄청 무서웠어요. 부족한 제가 무엇이든 다 잘할 사람인 것처럼 바라보는 시선이 무척 부담스러웠지요. 그래서 다시 초심으로 돌아가서 그저 연기를 할 수 있다는 것 그리고 동료들과 함께할 수 있다는 것이 정말 감사하다는 생각을 갖게 되니 오히려 마음이 편해지더군요. 감사함을 갖는 것이 곧 행복이라고 느낍니다."

〈범죄도시〉라는 영화에서 잔혹한 악역을 매우 인상 깊게 조연하여 일약 유명한 배우로 처지가 크게 바뀐, 무대 바깥의 실제 모습은 참 선하고 좋은 사람의 풍모가 물씬 풍기는, 배우 진선규의 고백이다.

그의 말에서 형식적이지 않은 겸손함과 진심이 느껴진다. 연기할 때가 아닌 평소 그의 언행과 자세는 편안한 안정감을 준다. 큰 것을 바라지 않는 비움이 느껴진다.

"저는 이 나라, 저 나라로 공연하러 다닐 때 대접을 잘 받습니다. 비행기도 1등석을 타고요. 그러다가 스케줄 마치고 한국에 들어오자마자 추운 겨울에 자연 속에서 백패킹을 하는 오늘 상황은 완전히 180도 다르잖아요. 하지만 고생스러웠어도 오늘 경험이 정말 최고였어요."

요즘 인기 아이돌로 젊은 층에 수많은 팬을 가진 태국 출신 K팝 스타 뱀뱀BamBam이 야전체험 프로그램에서 이렇게 말하는 것을 들었다.

위에 언급한 두 인기 연예인이 공통적으로 가리키는 지점은 어디일까. 이 두 사람은 무엇을 말하고 있는 것일까.

놓인 상황의 이전과 이후가 크게 달라지는 경험은 마음속 진동추가 이쪽에서 그 반대쪽으로 그리는 진폭이 상당히 크다는 것을 보여 준다.

이럴 때 마음은 그런 진동과 진폭이 점점 차분히 가라앉고 줄어들면서 뭔가 '편하고 개운한 지점'을 자기도 모르게 찾아가게 된다. 마음이 가장 편하게 느끼는 '균형점'을 모색하는 것이다.

우리는 얼핏 자기 의지대로 마음을 움직이는 것 같지만, 사실은 그렇지 않다. 마음은 내 것이 아니라 본래 마음 자체의 것이다. 날마다 마음이 이리저리 날뛰고 파도치는 까닭을 뒤집어 바라보면, '균형 찾기'가 시작되기 때문이다.

마음이 내 것이라면 처음부터 '균형점'에 잘 자리 잡고서 아예 진동이나 진폭을 겪지 않아야 논리적으로 타당할 것이다. 마음이 불편하기를 원하는 사람은 없을 것이다. 마음은 편하기를 원한다.

마음이 불편함을 통해 편한 쪽으로, 꿀꿀함을 통해 개운한 쪽으로 흔들리고 뒤척이면서 이동하도록 우리가 태어날 때부터 그 작동법을 입력해 놓은 '그 손길'은 적어도 당신과 나의 의지는 아니다.

마음속 오솔길은 사실은 난생처음 가는 길이라기보다는 이미 원래부터 내 안에 있던 길을 되짚어가는 길이다. 마음이 안쪽에서 눈뜨는 일이다.

소설가 김영하가 그의 작품 속에서 마음을 우주정신에 비유한 것은 대단히 적절했다고 공감한다. 하지만 아마 김영하 작가도 방향만 직감할 뿐 우주정신의 실체와 진상에 관해서는 여전히 질문 상태에 놓여 있을 것이라고 나는 짐작한다.

마음이란 도대체 어디서 유래했는지, 영혼의 출처에 대해 붓다와 예수 같은 최고 경지의 선각자를 제외하고는 알 만한 사람이 없을 것이다.

마음은 원래 그러하고 늘 그런 식으로 작동한다는 것을 느낄 뿐 더 근원적인 '그곳'에 대해서는 도무지 알기 어렵다.

당신도 나도 다만 한 가지에 관해서는 조금 알고 있을 것이다. 마음이란 것이 항상 '편하고 개운한 지점'을 찾아다닌다는 사실이다.

당신의 마음이 아직 불편하고 불행하고 우울하다면, 당신은 그 지점으로부터 상당히 멀리 떨어져 갈 길이 많이 남았기 때문이다.

하지만 그 길은 얼마든지 단축 가능하다. 마음의 관점이 바뀌면 지름길이 나타난다. 사람에 따라서는 지름길마저 생략되어 지금 이 순간 바로 여기에서 직행하는 경우도 드물지 않다.

'균형점'을 즉시 불러서 그 자리에 즉각 놓는 사람들이 있다. 이 사람들은 '알아차리는' 사람들이다. 그 사람들의 특징은 명상적이다. 고요함을 즐긴다.

당신과 내가 태어났을 때, 우리 마음이 스위트 스팟을 찾아가도록 누군가 마음의 회로에 전원 스위치를 켜 놓았다.

어린아이의 순진한 미소와 나이 든 노인의 평화로움은 그 인증샷이다.

열린 결말 겨울 끝자락

겨울은 갈똥말똥하였고 봄은 올똥말똥하였다.

텔레비전 뉴스에서는 튀르키예와 시리아에서 강력한 대지진이 기습해 수많은 사람들이 한꺼번에 목숨을 잃은 소식을 전하고 있었다.

인간들의 잘못으로 벌어진 이태원 참사와 러시아·우크라이나 전쟁의 희생자보다 지구가 일으킨 강진 피해가 훨씬 엄청났다. 병들어 자기 혼자 최후를 맞는 일은 그나마 다행스럽게 여겨질 정도였다.

안타깝게도 이미 죽어 버린 사람들의 삶은 멈추었고, 살아 있는 사람들의 삶은 계속되고 있었다.

햇살은 쨍하고 날씨는 많이 풀렸다. 노고단 산꼭대기를 덮었던 눈은 슬며시 사라지고 없었다.

봄을 찾으러 나섰다.

구례 섬진강 남쪽 문척 땅에서는 여기저기 공사판이 벌어지고 있었다. 간전에 들어서니 사람의 손을 타지 않은 강변의 풍경이 비로소 편안해졌다.

길가 텃밭에서는 늙은 농사꾼 부부가 흙에 비료를 뿌리고 있었다. 붉은색 큰 배낭을 짊어진 백패커가 혼자 화엄사 쪽을 향해 걸어가고 있었다.

강변 쉼터를 지날 때 커피 파는 미니트럭은 보이지 않았다. 아직 겨울 휴업 중이었다.

서울에서 집사람이 내려왔을 때 내가 사진을 찍어 주었던 큼지막한 매화 카페는 방문객 차량이 보이지 않아 쓸쓸한 느낌이었다.

광양 땅 다압에 이르자 길가에 늘어선 매화나무마다 붉은 꽃망울들이 맺혀 있었다. 소학정마을 입구 첫 집 담장 너머 매화나무 가지에는 붉은 꽃 몇 송이가 일찌감치 터져 있었다.

홍쌍리 매화마을의 가지마다 무수한 꽃망울들이 일제히 터질 그날을 준비하고 있었다. 맛이 기막힌 매실 아이스크림 가게 유리창에는 3월부터 영업한다는 안내문이 붙어 있었다.

돌아오는 길은 강 건너편 악양과 화개를 거쳤다. 화개장터 찻집에 들어가 요거트 아이스크림으로 목마름을 달랬다.

"오늘은 혼자 오셨네에!"

점원은 마스크를 쓴 나를 대뜸 알아보며 에둘러 인사를 건넸다.

"저를 아시네요? 감사합니다."

상사마을 쌍산재 입구는 긴 공사 끝에 꽤 넓은 주차장이 새로 만들어져 있었다. 머지않아 올 봄에는 저 주차장이 한바탕 몸살을 겪게 될 것을 상상했다. 배우 윤여정, 이서진, 정유미 등이 〈윤스테이〉라는 프로그램을 찍은 장소였다.

방광마을에서 나는 아까 오전에 들렀던 산 아래 그 카페로 다시 차를 몰았다. 오늘 두 번째 아이스 아메리카노를 챙기기 위해서였다. 카페집 딸은 몇 시간 만에 다시 나타난 나를 보자 다소 어리둥절한 표정을 지었다.

나는 굳이 해명했다.

"아까 챙겼던 냉커피는 소풍용으로 다 마셨고 지금 챙기는 냉커피는 집에 돌아가 글 쓸 때 마실 참이어."

놀러 와 있던 그 딸 남자친구가 나를 보자 인사했다.

"반가워! 매화꽃들이 곧 터지려 하던데 한번 나가서 바람 쏘이면 어때?"

마당에 들어서니 아까 집을 나설 때 뿌려 준 길고양이 사료가 단 한 톨도 남김없이 깨끗이 치워져 있었다. 나의 기척이 다시 들리자 얼룩무늬 길고양이 큰 녀석이 보란 듯이 돌담을 타고 아랫집 처마 밑으로 경중경중 기어 들어갔다.

작년 봄은 사라질 때 아름다웠다. 올해 봄은 다시 찾아와 무척 반가웠다. 겨울 끝이 데려온 봄은 머지않아 나를 설렘으로 가득 채우게 될 참이었다.

지난봄이 아닌 새롭디새로운 올봄을 쓰레기 같은 번뇌와 망상 속에 지낼 필요는 전혀 없어야 할 것이라고 다짐했다. 봄이 제대로 오면 그때 나는 봄 앞에 나를 내세우지 않고 텅 빈 채로 봄의 일부가 되리라 마음먹었다.

봄 앞에서 나는 하찮고 쓸데없다. 나는 나를 지울수록 좋을 것이다. 내가 나를 지워야 나는 더 큰 하나로 편입될 것이다.

어느새 하루해가 서쪽 능선 가까이 내려앉고 있다. 나는 이 하루만큼 또 흐르고 있다.

사방천지에 봄기운

오늘은 더 남쪽으로 바다가 보이는 길을 나섰다. 정해진 목적지는 없었다. 길을 가면서 길 위에서 그냥 마음 내키는 발길 따라 가 볼 작정이었다.

순천과 보성 벌교를 지나서 고흥 땅에 이르러 고속도로를 벗어났다. 기왕이면 처음 가 보는 곳으로, 그리고 자동차 왕래가 뜸하고 한적한 길로 느릿느릿 가고 싶었다.

농사짓는 들판도 보이고 고깃배가 떠 있는 바다가 보일수록 좋겠다고 생각했다. 대지의 기운과 바다의 기운이 함께 느껴지며 햇살이 실컷 쏟아지는 곳이라면 금상첨화가 될 참이었다.

나중에 다시 지리산으로 돌아갈 것을 감안해 큰 틀의 방향만 놓치지 않으면 그만이었다. 구례의 남서쪽 고흥 땅에 들어섰으니, 차를 모는 방향은 고흥을 관통하여 교량으로 이어진 섬들을 거친 다음 다시 동북쪽 여수와 순천을 거쳐 돌아가면 되겠다고 나들이 윤곽을 잡았다.

첫 경유지로 내가 놓인 곳은 고흥 점암 땅이었다. 농촌이기도 하면서 어촌이 있는 곳이었다. 호젓하고 야트막한 고갯길을 내려갈 때, 작은 저수지가 햇살을 받아 반짝이는 윤슬이 나의 눈길을 사로잡았다.

저수지 둑에는 키가 유난히 큰 소나무 한 그루가 대지에서 맨 먼저 햇살을 맞아들이고 있었다. 잠시 차를 세우고 내렸다. 주변을 천천히 걸으며 휴대폰에 오늘의 첫 풍경을 담았다.

다시 길을 느리게 달릴 때 널찍한 들판 사잇길 저쪽에서 자전거를 탄 남정네가 강아지를 데리고 어기적어기적 서두르지 않고 매우 느리게 페달을 굴리면서 햇살 가득 머금은 들판을 느긋하게 살피고 있었다.

그때 카톡 알림음이 울렸다. 휴대폰을 꺼내 보니 서울의 후배가 간밤에 내가 보낸 카톡을 이제야 읽고 답장을 띄웠다.

"구 선배! 감사합니다. 선배 말씀을 잘 새겨서 마음 정리하도록 하겠습니다. 그러잖아도 오늘 새벽에도 유튜브를 통해 두 시간 동안 불경 해설을 경청했습니다."

그 후배는 내가 평생 몸담았던 방송사의 사장 공모에 지원했다가 여러 명의 지원후보를 압축하는 과정에서 아쉽게 탈락한 직후였다. 나는 좋은 인연의 그 후배를 평소 아껴 주었고 우리는 틈틈이 잘 소통하며 지냈다.

이제 그도 머지않아 직장을 은퇴해야 할 참이었다. 나는 그에게 다시 답장을 보냈다.

"사람들은 헛것과 진또배기를 잘 구별하지 못하는 것 같네. 자네는 열심히 잘 일했고 모양 좋게 마무리하는 국면이니 마음 잘 비우기 바라네. 이제 진정한 자유의 시간이 다가오고 있으니 새로운 삶을 잘 준비하게."

답장에 곁들여 나는 조금 전에 찍었던 저수지 풍경을 그에게 전송했다.

이윽고 시야를 가리는 작은 방조제가 나타났다. 방조제가 있다는 것은 그 너머 바다가 있다는 신호였다. 차를 세웠다.

제방 턱은 그리 높지 않아 쉽게 올라섰다.

"아아!"

눈앞에 펼쳐진 광경을 접하는 순간 나도 모르게 입이 저절로 벌어졌다. 바다였다. 봄이 찾아든 바다였다. 턱 막혔던 숨이 탁 트였다. 가슴이 시원하게 뚫렸다.

바다는 물결 한 점 없이 잔잔하고 고요했다. 무엇보다 엄청나게 눈부셨다. 바로 위 가까운 하늘에서 찬란한 태양이 무진장한 빛을 흠뻑 내리쏘았고 바다는 그 빛을 받아 쳐다보기 힘들 만큼 눈부신 보석들을 깔아 펼치면서 이리저리 춤추고 있었다.

태양과 바다는 서로 한껏 사랑을 나누고 있었다. 정말 그랬다. 그 광경을 달리 표현할 말이 내게는 더 이상 없었다. 그것은 분명히 사랑의 극치였다. 태양은 강렬한 빛을 내뿜었고 바다는 희열에 가득 차올라 산산조각으로 부서지고 있었다.

태양과 바다가 열정적으로 사랑을 나눌 때, 작은 고깃배 몇 척이 그 옆에서 숨죽여 지켜보고 있었다. 거기서 정작 나는 사라지고 없었다. 그 순간 나는 나를 의식하지 못했다. 나는 잠시 후에야 겨우 나로 돌아왔다.

내가 한낱 구경꾼에 지나지 않았던 태양과 바다의 사랑을 목격한 이후 내 가슴은 그 사랑의 파편이 깊이 꽂힌 듯 까닭 모르게 슬며시 두근거렸다.

두근거림은 그러나 거칠지 않고 포근하고 부드러웠다. 가슴속은 파도가 한차례 밀려와 휩쓸고 간 백사장처럼 정갈하고 말끔했다. 나는 보이지 않는 무엇인가로, 언어를 뛰어넘은 무엇인가로 거북함 없이 채워 있었다.

점암을 지나고 남양을 거쳐 영남면에 이르자 내 기억에 익숙한 능선 고갯길이 나타났다. 내리막길에 들어서자 여수 땅으로 이어지는 팔영대교가 나를 다시 반갑게 맞이했다.

다리를 건너 적금도 바닷가 그 카페에 차를 세웠다. 카페 바로 옆 예쁘고 조그마한 쉼터의 난간 사이로 다시 바다와 섬들이 나에게 손짓했다. 아까 점암 바다에서 나를 눈부시게 만들었던 그 윤슬이 어느새 나보다 앞서 나를 또 기다리고 있었다.

윤슬은 이름 모를 작은 무인도를 에워싸며 반짝이는 물보석으로 치장을 해주고 있었다. 나는 난간에 기대어 다시 한참 동안 물끄러미 나를 내버려 두었다.

카페 안에서 달달한 아이스 아메리카노를 기다리다가 창가에 놓인 앙증맞은 노란 수선화가 유난히 눈에 들어왔다. 나는 허리를 구부려 그 노란 수선화 너머로 조금 전 그 무인도와 그 윤슬을 또 내다보았다.

카페 안에까지 찾아온 봄은 노란색 작은 꽃잎이 되어 창밖의 바다를 끌어들이면서 세상에서 제일 예뻐진 화분에 들어앉아 세상에서 가장 아름다운 자태로 다소곳이 '지금 여기 이 순간'을 완성하고 있었다.

나는 내 앞의 이 공간과 이 순간을 휴대폰에 박제하여 멀리 있는 가족과 몇몇 지인들에게 보내 주었다.

"오랜만에 오셨네요! 선생님 책을 가게에 두었더니 얼마 전에 제가 아는 농협 직원이 와서 잠깐 읽다가 아예 들고 가 버렸어요. 다 읽으면 갖다주겠다면서 … ."

섬 네 곳을 지나 여수 화양 땅에서 마지막으로 들른 카페

주인은 나를 보자 묻지도 않은 이야기를 꺼내며 반가움을 표시했다.

주인은 붉은 벽돌색 카페 건물 외벽을 이달 중에 하얀색으로 바꾸어 볼 생각이라면서 봄 채비에 바빠질 것 같다고 넌지시 자랑하듯 말했다. 어느 정도 친숙해진 사이라서 나는 익살스럽게 대꾸했다.

"열심히 장사하니 장하고, 그러나 맨날 장사에 묶여 세월만 가니 짠하고, 장하고 짠하고 ⋯. 하하하! 어디 놀러 다니진 못하더라도 옷도 제일 멋진 것으로 꺼내 입고 헤어스타일도 이마가 훤히 드러나게 확 한번 바꾸어 보면 어떨까요? 오랜만에 뵈니 얼굴도 푸석푸석해졌네. 하하!"

내 딴에는 선의로 자극과 조언을 건넨 것이었다.

"제가 그런가요? 듣고 보니 맞는 말 같아요!"

주인은 내 말에 화들짝 얼굴을 감싸면서 불편한 기색 없이 반응했다. 그러더니 갑자기 토마토 여러 개를 봉지에 담아 내게 불쑥 건네주었다.

"오메! 내가 토마토를 좋아하는디! 감사합니다."

뜻밖의 선물에 나는 반색했다.

작별인사를 하고 카페 계단을 내려서는 순간 택배 물건 두 박스가 계단에 놓인 것을 발견했다. 방금 놓고 간 모양이었다. 나는 그냥 지나치려다가 토마토 받은 값을 한답시고 박스를 챙겨서 주인한테 가져다주었다. 주인은 나의 기특함에 웃음으로 대신했다.

돌아오는 길에 나는 바다와 늦게 헤어지려고 여수 시내 방향을 택하지 않고 율촌면 여수공항을 지나는 해안도로를 달렸다.

순천 황전휴게소에서 다시 지리산이 보였다. 산색은 어느덧 봄기운을 머금은 듯 불그레한 생기를 풍겼다.

일단 봄이 다가서니 남도 땅은 천지사방 어디를 가든 어디에 놓이든 봄스러웠다. 나는 아직 살아서 또 한 번의 봄 앞에 섰다.

찡한 넋두리

"회사 다녔을 때 별로 두드러진 노릇도 못한 채 맥없이 세월만 흘러갔었지. 올해 일흔넷이 되어서도 이렇게 외딴 산속에서 아무것도 하는 일 없이 또 세월만 죽이고 있으니 도대체 내 인생은 왜 이렇게 허전할까. 자네는 지리산에서 잘 지내는지 궁금해서 그냥 전화해 봤네."

그는 나의 직장 선배이자 대학 선배였다. 퇴직 후 경기도 어느 시골로 내려간 그는 위아래 따지지 않는 보기 드문 선배였다. 가끔 먼저 직접 전화를 걸어 안부를 물어오는 거의 유일한 양반으로 거친 구석 없이 좋은 분이었다.

"선배가 종종 기억에 떠오를 때가 있지만, 매번 이렇게 제가 먼저 안부 연락을 드리지 못하고 전화를 받기만 하니 송

구합니다."

잠시 대화를 나누다가 그의 가정사에 얽힌 뜻밖의 사연을 처음으로 듣게 되었다.

"내 할아버지는 일찍 돌아가셨고, 아버지는 전쟁 통에 빨갱이들 손에 변을 당하셨지. 나는 어릴 적부터 외톨이 아들로 살아왔고 누님 두 분이 계시지만 모두 몸이 편찮아. 그런데 말이야 … 나의 두 아들 중에 큰 녀석은 결혼해서 그런대로 괜찮게 사는데 문제는 둘째 녀석이야."

이 대목에서 그는 잠시 길게 한숨을 내쉬었다.

"둘째는 오랜 세월 병상에 누워 있는데 지금도 혼자서는 전혀 거동할 수 없어. 코를 통해 죽을 넣어 줘서 연명하고 있지. 병원에서는 자세한 원인을 알지 못하겠다고 하고 … ."

전화기 너머 그의 음성은 아픈 아들 얘기를 꺼낼 때 오히려 담담했다. 그 담담한 말투가 나의 가슴을 지그시 찔렀다.

"집안 사정이 이렇게 굴러가다 보니 집사람한테 영 미안한 마음이 들곤 하지. 이런 남편, 이런 아들 챙기느라고 그 속이 얼마나 썩었겠나. 그래서 미안한 마음에 나는 좋아하는 술도 오래전에 끊었어."

"형님 인생도 책 한 권이네요. 사람마다 인생 흐르는 물꼬가 제각각 다른 것 같습니다."

선배의 전화를 받은 이날 나는 서울에서 볼일을 마치고 지리산으로 내려가는 중이었다. 내려가면서 그의 이야기가 내 가슴에 여운이 되어 맴돌았다.

내가 그의 이야기를 한참 들어준 것이 결과적으로 잘한 일 같았다. 참으로 억장 무너지는 이야기를 그래도 거리낌 없이 풀어놓으면 들어줄 만한 상대로 내가 그의 마음속에 떠올랐다는 게 나로서는 감사한 일이었다.

나는 오래전부터 나태주 시인의 시를 좋아했다. 간결하고 쉬운 언어로 더 깊숙함을 자아내는 경지에 끌렸다. 마침 나는 평택을 지나고 있었다. 공주 땅에 그의 유명한 시 〈풀꽃〉으로 작명한 '풀꽃문학관'이 있다는 것을 들어서 알고 있었다.

평택 다음엔 아산, 아산 지나면 천안, 그다음이 공주였다. 나는 어차피 공주를 거쳐 내려갈 참이어서 내친김에 그 문학관을 찾아가 보기로 불쑥 작정했다.

문학관은 공주세무서와 공주사범대학 부설고등학교를 양쪽에 두고서 높지 않은 야산 언덕에 무척 아담하고 소박한 모습으로 들어앉아 있었다. 작은 단층집이었다.

시인의 풍모와 평소 언행에 걸맞게 전혀 거창하지 않아서 무척 인상적이었다. 입장료도 받지 않고 무료 개방으로 운영되고 있었다. 굳이 지키는 사람도 보이지 않았다.

조금 큰 방과 아주 작은 방 두 칸에 놓여 있는 물건들과 전시물도 사실상 별것 없었다. 그러나 그게 훨씬 마음을 편하게 해주었다. 눈길 끌 만한 것이라곤 그가 오래전에 학교 선생 시절에 썼다는 풍금뿐이었다.

맵시 있게 단장하거나 요란을 떨지 않는 내부 풍경은 있는 그대로 맛과 향기를 지니고 있어 좋았다. 일행도 없이 혼자 온 내가 둘러보는 데에 20분쯤 걸렸다. 그것으로 충분했고 흡족했다.

시인이 시를 쓰는 것이지만, 결국 시가 모든 걸 말해 주고 공명을 울리는 것이기에, 나의 방문은 전혀 실망스러운 느낌이 들지 않았고 더욱 입체적인 친숙감을 확장한 기분이었다.

1945년 해방둥이인 나태주 시인이 오래오래 건강하기를 바랄 뿐이다. 그는 해박함을 넘어 도道가 깊은 사람의 냄새를 풍긴다.

다시 지리산 자락 마을에 들어설 때 해가 저물고 있었다. 평생 별로 한 일이 없는 것 같다던 선배는 나를 시인의 문학관까지 잘 데려다준 셈이었다.

그로서는 넋두리였지만 나로서는 덕분을 입은 것이었다. 사람 인연의 최종 낙처落處는 도무지 가늠하기 어렵다.

결국 찾는 것은

새벽 1시쯤 잠자리에 들어 겨우 세 시간쯤 잤을 무렵 카톡 알림음에 잠을 깼다. 휴대폰 시계를 보니 4시를 가리키고 있었다.

'아니, 한밤중에 누가 수면 방해를 하는 걸까?'

성가시면서도 의아해서 카톡을 열어 보았다. 난데없이 외국 풍경 사진 두 장이 전송된 것이었다. 얼마 전 스페인에 잠시 살아 보기를 한다며 여행 간 친구였다. 8시간의 시차를 계산해 보니 그쪽은 저녁 8시였다.

이 친구는 카톡을 전송한 시간이 한국시각으로 한밤중이란 걸 모를 리 없었다. 아마 내가 깊은 잠에 빠져 있을 것으로 상상하며 그냥 미리 카톡을 보낸 것이려니 짐작했다. 친한 친구인데 짜증을 낼 수도 없었다.

사진과 함께 짧은 설명이 적혀 있었다.

"프랑스 국경과 인접한 피레네 산맥."

나는 그 친구가 나의 잠을 깨운 일이 무안할까 봐 성격 좋은 사람마냥 한 마디 반응을 보냈다.

"멋지다!"

이번엔 친구가 깜짝 놀란 듯 대꾸했다.

"어? 새벽 4시인데 깬 것이냐?"

내가 다시 반응했다.

"자다가 톡 소리에 깼다. 나는 좀 더 자야 돼."

그러자 친구의 톡 창이 잠잠해졌다.

친구가 보낸 경치는 멋있었다. 흰 눈 덮인 피레네산맥의 모습이었다. 더구나 나는 거기가 어디쯤인지 대강 알고 있었다. 아마 친구는 스페인 북부 바스크 지방의 산 세바스티안 근방에 있는 게 아닐까 추측했다.

지금부터 35년 전인 1980년대 후반에 나는 회사연수생으로 프랑스에서 1년 동안 머문 적이 있다. 그때 집사람과 어린 두 딸을 데리고 피레네산맥 동쪽 프랑스 영토에 속하는 가톨릭 성지 루르드라는 곳에 갔다가, 즉석에서 산 너머 스페인 영토 산 세바스티안에 슬쩍 다녀왔기 때문이었다.

자다가 졸지에 깬 나는 다시 잠들려고 잠시 이리저리 뒤척였다. 친구의 얼굴을 떠올리며 그가 지금 하고 있는 여행이란 무엇일까 생각해 보았다.

친구가 말한 살아 보기란 것의 내막이란 보나마나 맛있는 음식 잘 먹고 어슬렁어슬렁 볼 만한 장소를 찾아다니는 일에 지나지 않을 것이라고 짐작했다.

비록 사는 장소가 잠시 바뀌었더라도 여기서나 거기서나 그저 먹고 지내면서 한 몸뚱이 챙기는 일이려니 생각되었다.

하지만 결국 벗어 버리게 될 몸뚱이 하나 챙기자고 세상에 태어난 게 아닐 것이다. 그렇다면 몸뚱이를 이리저리 끌고 다니는 '영혼'의 문제로 초점이 모아질 수밖에 없을 것이다.

친구의 영혼은 지금 이 순간 흡족하고 행복할까? 아니면 뭔가 성에 차지 않는 알 수 없는 '존재의 물음'과 '삶의 의미'에 자기 자신을 계속 던져 넣고 있을까? 나로서는 더 이상 나의 일이 아니었다. 스스로 해결해야 할 문제이기 때문이다. 나 또한 그런 물음 앞에 날마다 놓여 있다.

이 대목에서 역시 옛 성현들의 가르침은 핵심을 찌른다.

"가도 가도 본래 그 자리! 도착해 보아도 처음 출발했던 그 자리!"

후배의 카페에 들렀다가 자식 또래의 젊은이와 인사를 나누게 되었다. 후배가 인사를 시켰다. 며칠 전부터 후배네 농장에서 '우핑'을 하고 있다고 했다.

나는 최근 전 세계 젊은이들 사이에 유행처럼 번지는 '우프'라는 체험에 관해 주목하고 있던 터라, 그 젊은이와 잠시 얘기를 나누었다.

참고로, 우프는 WWOOF라는 영어 약자를 그대로 발음한 단어이다. World Wide Opportunities on Organic Farms. 해석하면, 먹여 주고 재워 주는 숙식을 제공받는 대가로 주로 농장 같은 곳에서 일을 해주는 공동체 생활을 의미한다.

지구 환경을 훼손하지 않고 잘 보존하면서 교류도 꾀한다는 기특한 취지에서 출발한 세계적 사회운동이다. 젊은이들은 이런 네트워크를 활용해 다른 지역이나 외국에서 비용을 들이지 않는 일석이조의 경험을 할 수 있다. 이런 이점 덕분에 우프는 세계적 현상으로 차츰 퍼지고 있다.

그 젊은이는 제주도 한림이란 곳에서 왔다고 했다. 화엄사 암자에서 1주일간 우핑을 한 뒤 후배 농장을 찾아오게 됐다고 했다. 나는 그 젊은이에게 보탬이 될 만한 책을 소개해 주었다.

일하러 가기 위해 카페를 나서는 젊은이의 뒷모습을 바라보았다. 무엇이든 닥치는 대로 겪어 나쁠 것 없는 청춘이지만, 그런 시도들이 결국 접속하게 되는 일은 '삶의 의미와 방향'을 가늠하는 과정이 되리라는 걸 나는 익히 알고 있었다.

70살이 된 동갑내기 친구의 해외여행과 30대 젊은이의 우핑은 결국 인생길에서 어떤 의미를 찾는 일이었다. 나이를 떠나 둘 다 닮은꼴이었다.

흘러간 영화 〈티파니에서 아침을Breakfast at Tiffany's〉에서, 주인공 여배우 오드리 헵번이 창가에 앉아 기타를 치면서 담담하게 이야기하듯 부르는 〈문 리버Moon River〉. 그 가사는 젊은 시절 나에게 깊숙이 꽂혀, 나는 오래전 직장 다닐 때 가끔 술에 취하면 이 노래를 부르곤 했던 기억이 난다.

달빛이 흐르는 아주 넓은 강

언젠가 나는 그대를 멋지게 건너리라

꿈을 이루어 주기도 하고 마음을 아프게도 하는 그대

그대가 어디로 흘러가든지 나는 그대를 따라가리라

세상을 보려고 길을 나선 두 표류자들

세상엔 볼 것들이 너무나도 많지만

우리는 같은 무지개의 끝을 찾아 헤맨다

강이 굽이치는 곳 근처에서 기다리리라

나의 소중한 친구 달빛이 흐르는 강 그리고 나

당신과 나는 어디로 도망치더라도 결국 자신에게 되돌아
올 뿐이다.

뭘 하며 사는 것인지

"선생님, 주신 책 아주 잘 읽었어요. 다음번에 또 책을 내시면 그때는 제가 사서 볼게요. 책을 보면서 도대체 내가 뭘 하자고 이렇게 사는지 모르겠다는 생각이 바짝 들더군요."

오랜만에 나타난 나를 보자 중국집 안주인은 진지한 표정으로 말했다.

"그렇게 알아차리셨다면 된 거죠. 자기가 사는 모습을 전혀 의식하지 못하고 마냥 떠내려가는 사람들도 많잖아요. 허허허!"

나는 이렇게 맞장구쳐 주었다.

안주인은 말을 이었다.

"저두. 도회지에 살다가 남편 일 돕겠다고 내려온 지 2년밖에 되지 않았는데요. 이 좋은 데에서 이러고 있으니, 참 … ."

그녀의 대꾸에는 푸념 같은 것이 섞여 있었다.

이들 부부가 운영하는 중국집은 섬진강과 보성강이 합류하는 풍광 좋은 압록 두물머리에 있었다. 탕수육을 맛있게 잘 만들어 꽤 소문난 식당이었다. 단골손님들이 많다 보니 부부는 늘 분주했다. 두 내외는 손발이 척척 잘 맞는 듯했고 무척 성실한 느낌을 주었다.

나로서는 거처에서 멀리 떨어져 있는 곳이라 단골은 아니었다. 어쩌다가 한두 번 들르는 이 식당 안주인에게 내가 책을 선물하게 된 동기는 사실은 좀 엉뚱했다. 그녀의 친정 고향이 여수의 무척 아름다운 섬 중 하나인 낭도라는 배경 때문이었다.

나는 언젠가 이 식당에 혼밥 먹으러 갔다가 이런저런 얘기 끝에 무심코 안주인의 고향을 물어보게 되었다. 낭도라는 섬 이름이 그녀 입에서 튀어나오자마자 내가 대뜸 반색하면서 아는 척 수다를 떨다가 그렇게 된 일이었다.

내가 그 섬을 잘 안다고 하면서 그곳의 빼어난 풍광에 대해 객지 사람치고는 아주 자세히 설명을 하자, 그녀는 놀라면서 신이 나서 반응했다.

더욱 공교로운 일은 내가 그 안주인과 섬 얘기를 나누는 그 순간에 저쪽 테이블에 혼자 앉아 있던 할머니가 바로 친정어머니였다. 가끔 낭도에 가서 모시고 온다고 했다.

마침 내 차 안에는 책이 있었다. 상황이 이쯤 돌아가자 나의 책을 선물하면 좋겠다는 생각이 들었던 것이다.

나는 낭도에 어쩌다 한 번 가 본 게 아니라 여러 번 가 보았다. 낭도는 여수와 고흥 사이에 놓인 아름다운 4개의 섬 중에서도 상당히 큰 바닷가 마을이 있었고 풍경들이 무척 아기자기했다. 4개의 섬은 최근 교량으로 모두 연결되어 그 멋진 바다 위를 달리는 자동차 길은 버젓한 77번 국도가 되었다. 나는 종종 바다가 보고 싶을 때면 이곳에 찾아간다.

여수 본토와 순천만도 좋기는 하지만, 특히 여기는 붐비지 않고 매우 한적한 맛을 누릴 수 있어 단연 압권이다. 이 글을 읽는 당신도 기회가 되면 꼭 가 보기를 강추한다. 가히 '한국의 지중해'라 불러도 손색이 없다.

재치 있는 이 고장 사람들은 이 섬 경치에 기발한 새 이름을 붙였다. 섬섬옥수! 아름다운 섬들이 있고 옥빛 바닷물이

출렁이니 딱 들어맞는 멋진 별명이다.

아무튼 이런 사연의 내막을 거쳐서 섬과 그 식당과 내가 나란히 괜찮은 인연을 맺게 된 것이었다.

오늘은 그 식당에서 볶음밥을 먹었다. 맛은 좋았지만 나의 뱃속이 작다 보니 절반밖에 먹지 못했다. 나는 먹다 남긴 그 밥을 싸 달라고 안주인에게 부탁했다. 나에겐 백김치만 곁들이면 내일 아침에 흡족한 한 끼니가 될 참이었다.

저무는 섬진강을 따라 구례로 돌아올 때 자동차 라디오 볼륨을 키웠다. 내가 즐겨 듣는 〈세상의 모든 음악〉에서 진행자의 나지막하고 잔잔한 음성이 흘러나왔다. 그런데 이건 또 무슨 인연일까! 진행자가 애청자들의 실시간 댓글을 읽어 주는데 그 짧은 편지엔 이렇게 적혀 있었다.

"구례의 작은 카페입니다. 문을 닫을 시간이지만 지금 라디오를 듣느라고 가게에 앉아 있습니다. 손님이 딱 한 분 계시는데 그분도 지금 함께 이 음악을 듣고 있습니다."

나의 하루가 조용히 저물고 있었다. 이 하루가 나에게 다시 물었다. '너는 뭘 하며 사느냐'고 … .

끄트머리에 관한 암시

나보다 꼭 열 살 위 선배가 오랜만에 카톡을 보냈다. 올해 여
든에 들어선 분이었다.

"구 사장 잘 지내시오? 쓰신 책은 잘 구독했소. 내용이 좋
아서 내가 자주 다니는 공립도서관 두 군데에 그 책을 비치
하도록 귀띔해 주었소."

나는 정중하게 감사를 표했다. 그리고 근황을 여쭈었다.
돌아온 대답은 참으로 대꾸하기 난감했다.

"당신이 여기저기 마음껏 다니는 모습을 보니 정말 부럽
소. 나는 걷는 것도 시원치 않아서 한 시간도 못 가 주저앉기
일쑤라오. 이젠 걷기조차 어렵게 됐어요."

또 올해 95세로 생을 마감한 한 노인은 국내 최고의 대학에서 학장까지 지냈던 분이었다.

어느 날 그의 아파트 앞을 지나던 이웃 주민들은 쓰레기장 앞에 멀쩡하고 값이 나갈 만한 고급 책장과 가구들이 한가득 쌓여 있는 광경을 목격했다. 또 그림 가치가 있어 보이는 서양화 액자들 그리고 그의 박사학위 사진과 가족사진도 버려져 있었다.

그는 오래전부터 혼자 지냈고, 가끔 들르던 사위는 그보다 앞서 세상을 떠났다. 그 바람에, 말년엔 그나마 챙겨 줄 만한 주변 가족도 마땅치 않았던 것으로 알려졌다.

무슨 내막인지 태우거나 분쇄하지도 않은 사진들까지 버려져 있는 광경은 왠지 민망해 보였다. 어쨌든 이 광경은 한때는 단란했을 한 가족과 가정이 이런저런 사정을 겪으면서 끝내는 어쩔 수 없이 예전의 모습으로부터 해체되는 '결말'을 생생하게 보여 주고 있었다.

인생길 끝자락의 모습은 둘 중 하나다. 시름시름 아프다가 떠나거나, 건강하게 꽤 길게 살더라도 어느 날 훌쩍 떠나거나.

태어날 때도 그랬듯이 마감하는 일도 우리가 선택하거나 결정하는 것이 아니다. 태어났으니 사는 껏 살다가 하늘이 부르면 꼼짝없이 소천해야 한다.

이 점에 대해 당신과 나는 조금 더 일찍 알아차릴수록 사실 더 유익하다. 삶의 결말을 미리 잘 깨달아 사는 동안 허둥지둥하지 않도록 유념하게 될 것이기에 그렇다.

평소 왠지 심각한 표정을 지을 때가 많은 웃음기 없는 50대 어느 후배가 이렇게 말했다.

"저도 언젠가 웃을 날이 오겠지요?"

이 질문은 사실 나에게 묻기보다는 그 자신에게 물어야 할 것이었다. 나는 넌지시 이렇게 대답해 주었다.

"'언젠가'라는 시간은 인생길에 없을 거야. 그 이유는 간단해. 앞으로 죽을 때까지 날마다 눈뜨면 그날은 매번 '오늘'이거든. 그래서 우리가 일생 동안 유일하게 받는 시간은 '오늘 지금'뿐이지 않은가."

튀르키예에 대지진으로 졸지에 희생된 그 수많은 인생들도 아마 '언젠가'라는 신기루를 마치 자기 것인 양 여기고 살았을 것이다.

세상 어디에 가 보아도 사는 일은 '오늘 지금 여기'뿐이다. 당신과 나는 이것을 날마다 눈뜰 때마다 되새겨야 한다. 하지만 매우 흥미로운 점은 많은 인생들이 아침에 눈뜨기 무섭게 바로 그 '언젠가'를 향해 내달리기 시작한다는 것이다.

저 앞에 있는 것 같은 행복을 추구하는 것보다 더 현명한 일은 마음 깊숙이 '안심安心'을 얻는 일이다. 안심은 훨씬 더 큰 자유다. 안심이란 겨우 안도하여 가슴을 쓸어내리는 그런 종류의 것이 아니다. 당신과 나의 마음속 깊은 곳에 원래부터 있었던 '존재의 접속사'다.

고양이 팔자도 제각각

'사람이든 동물이든 생명을 가진 것들에게는 제각기 다른 팔
자와 운명이 있는 것일까? 팔자란 놓인 장소에 따라 결정적
으로 달라지는 것일까? 이미 정해진 팔자가 우연히 어떤 장
소에서 펼쳐진 것일까?'

오늘 목격한 네 마리의 고양이가 나를 잠시 골똘한 생각
에 잠기게 했다.

단골식당에 아침 요기를 하러 나서다가 마당 툇마루 앞에
서 내 집을 단골로 드나드는 그 고양이 녀석을 발견했다. 녀
석도 아침을 얻어먹겠다고 아까부터 나의 인기척을 살피며
웅크리고 있었던 모양이다.

내가 먹고살겠다고 아침 식사를 챙기러 나가는데 고양이 녀석도 먹고살겠다고 일찌감치 나를 기다리고 있었다는 걸 생각하니 모른 척할 수는 없었다.

집 안에 다시 들어가 사료를 한 컵 꺼내 주었다. 녀석은 사료를 들고 나오는 나를 보더니 늘어지게 기지개를 켰다.

'이제 드디어 먹거리가 주어지는구나!'

제 나름의 기대 표시였다.

평소처럼 마당 물냄비 옆에 사료를 뿌려 주자, 근처에 숨어 있던 녀석의 짝꿍까지 어느새 달려들어 허기진 배를 채웠다. 벌써 몇 년째 나에게 편히 얻어먹으며 팔자 좋게 지내는 녀석들이었다.

멀리 일본 산골에서 한국 시골로 시집와서 사는 일본인 아주머니 히로토미 후쿠코의 구멍가게에 들러 담배를 살 때였다. 바로 내 무릎 앞에 놓인 종이박스에서 무슨 물체가 꼼지락 움직이는 게 느껴졌다.

그 순간 섬 하여 내려다보니 후쿠코가 키우는 고양이 녀석이 박스에 들어앉아 종이 부스러기를 가지고 저 혼자 장난치며 놀고 있었다.

"야, 인마! 놀랬잖아!"

내가 고양이에게 한마디 내뱉자 후쿠코는 재미있다는 듯이 깔깔 웃었다. 이 녀석은 먹을 것이 지천인 구멍가게를 제멋대로 쏘다니면서 후쿠코와 어린 두 딸들에게 귀여움을 독차지하고 있었다. 상팔자였다.

저수지를 지나 내온마을에 이르렀을 때, 길가에 검은 고양이의 '로드킬'이 널브러져 있었다. 지나가는 다른 차에 치여 죽은 것이었다.

"에구! 이 녀석아! 조심 좀 하지 그랬냐?"

나는 찜찜하고 안타까운 고양이의 주검을 스치면서 마음속으로 염불했다. 봉변당하지 않는 저세상으로 잘 떠나기를 빌었다.

단골식당에서 혼밥을 잘 챙겨 먹은 뒤 디저트로 붕어빵 두 개를 사서 야금야금 달짝지근한 맛을 즐기면서 산동 작은 5일장터를 지나 다시 저수지가 가까워졌을 때였다. 아까 보았던 검정 고양이의 로드킬에 검정 까마귀 두 마리가 들러 붙어 사체를 쪼아 먹고 있었다.

큼지막한 두 까마귀는 내 차가 바로 앞을 지나가도 도망가긴커녕 전혀 신경 쓰지 않고 게걸스럽게 고양이의 내장을 쪼아 삼켰다.

운 나쁜 그 고양이는 죽어서도 까마귀한테 원하지도 않은 장기 기증을 하고 있었다.

읍내 사는 젊은 신혼부부의 집고양이가 그것도 한밤중에 위중하게 아팠다. 숨을 제대로 쉬지 못하고 다 죽어가고 있었다. 하지만 그 시간에 시골 동물병원은 문도 닫혔을 뿐더러 미덥지 못했다.

걱정스러워진 부부는 고양이를 차에 태워 응급처치가 가능한 광주까지 밤길 고속도로를 쏜살같이 내달렸다.

한밤중 한바탕 소동 끝에 고양이는 다행히 목숨을 건졌다. 병원비도 만만치 않게 들었다.

네 마리의 고양이가 각각 다른 장소에서 저마다 다른 처지에 놓인 것을 보자. 사람이 아닌 동물들에게도 뭔가 '팔자'

와 '운명' 같은 게 있음을 불현듯 새삼 깨닫게 된다.

죽은 고양이도 죽기 전까지는 먹고살겠다고 이리저리 추운 겨울 들판을 쏘다녔을 것이다. 그 생각을 하니, 구들방에서 편히 잠 잘 자고 나와서 청국장 한 그릇을 배불리 먹고 붕어빵까지 챙기면서 잠시 나 혼자만의 즐거움에 빠졌던 일이 왠지 민망하게 느껴졌다.

나를 포함해 생명을 가진 생명체들은 모두 저마다 알아서 그 생명을 꾸려가야 한다. 생명끼리는 서로 관심을 가질 수는 있어도 다른 생명에 직접 개입할 수는 없다. 삶과 죽음은 이렇게 항상 동전의 양면 같은 모양새로 일상 속에 던져져 있다. 사라진 생명은 사라진 대로 남은 생명은 남은 대로 그냥 그러할 뿐 여기에 누가 감히 보태고 뺄 게 없다.

나는 이 하루 이 마음 가는 대로 흐를 수밖에 없었다. 달리 내가 무엇을 어찌하랴!

참고할 만한 이야기들

스트레스를 한 방에 속 시원하게 날려 주곤 했던 미국 할리우드 액션 스타 브루스 윌리스가, 실어증失語症에 걸렸다는 소식이 들리더니 끝내 치매 진단을 받았다는 뉴스가 전해졌다.

그는 마침내 은퇴했지만, 영화 속에서 영원히 활약하며 사람들의 스트레스를 앞으로도 시원히 해소해 줄 것이다.

"배우가 유명하다는 것은 한낱 껍데기, 허명虛名에 지나지 않아요. 사람들은 배우를 한껏 추켜올리기도 했다가 단번에 깎아내리기도 하지요. 나는 그런 것에는 신경 쓰지 않아요."

아카데미 여우조연상에 빛나는 한국 여배우 윤여정 씨가 TV 인터뷰에서 그렇게 말했다.

"저는 어렸을 때 갈비뼈를 다쳐서 갈비뼈 한 개를 잘라내는 수술을 받은 이후로 여태 그런 몸으로 연기하면서 살았어요. 또 한창 잘나가던 어느 날에는 혼자 골목길에서 넘어져 다리가 부러졌어요. 그때도 나는 '하나님! 감사합니다'라면서 넘어졌습니다. 나는 무슨 일이 있어도 '하나님, 나한테 왜 이러세요?'라고 해본 적이 없습니다."

올해 83살이 된 여배우 김혜자 씨는 자서전《생生에 감사해》에서 이렇게 고백했다.

올해 100살이 된 홍응표라는 노익장 할아버지가 TV에 출연해, 함께 데리고 나온 무려 27살 아래의 73살 된 사람을 친구라고 소개하면서 이렇게 덧붙였다.

"친구가 되는 일에 나이는 전혀 중요하지 않아요. 나한테는 초등학교 6학년짜리 친구도 있어요. 나는 나이 같은 건 상관하지 않습니다."

어느 후배가 보낸 예쁜 그림이 그려진 카톡 엽서에 다음과 같은 짧은 글귀가 적혀 있었다.

"좋은 일, 좋은 사람, 좋은 삶을 만나려면 간단한 준비물이 있다. 좋은 나!"

대교약졸 大巧若拙

노자 《도덕경》 마흔다섯 번째 가르침이다.

크게 이룸은 모자람과 같다. 그러나 그 쓰임은 끝남이 없다.

크게 채움은 비어 있음과 같다. 그 쓰임은 다함이 없다.

크게 곧음은 굽은 것과 같다.

크게 솜씨 좋음은 서툰 것과 같다.

크게 말 잘함은 말더듬이와 같다.

움직임은 추위를 이기고 고요함은 더위를 이긴다.

맑고 고요함은 천하를 바르게 한다.

시골 장날 풍경을 스님에게 전송했더니 스님은 직접 쓰신 붓글씨 사진으로 화답했다.

"대교약졸大巧若拙!"

참으로 바람직한 일은 그렇지 못한 것까지 다 품어 안는 것이라는 뜻으로 다가온다. 한쪽 끝으로 내달린 극極은 다른 쪽 극을 품을 수 없다. 노자는 스위트 스팟(균형점)을 가리켰을 것이다.

동해안에서 몇 년째 살아 보기를 하고 있는 대학 1년 후배인 변호사가 카톡에서 이렇게 털어놓았다.

"요즘 노자를 읽고 있습니다. 그런데 영 모르겠습니다."

공부를 대신해 줄 수 없기에 대꾸할 말이 마땅치 않았지만, 나로서는 겨우 이렇게 대답했다.

"빈 마음으로 읽고 또 읽다 보면 … ."

학창 시절 전교 10등 안에 들었던 동창이 나와 카톡을 하던 중에 이렇게 물었다.

" '대교약졸'이 무슨 뜻인가? 잘나 보았자 허접하다는 말인가?"

나는 대답 대신에 도덕경 그 글귀를 풀이해 놓은 페이지를 휴대폰으로 찍어 보냈다.

친구는 한마디 소식을 보냈다.

"4월쯤 친구들 몇 명과 네팔에 또 가기로 했다."

그리고 나는 아무 말도 덧붙이지 않았다.

떠나는 사람들

직장 시절 나를 많이 아껴 주며 이끌어 주었던 터프가이 그 선배가 세상을 떠나신 지 여러 해가 지난 오늘 아침에, 이번 에는 그 부인께서 별세하셨다는 문자가 떴다.

먼저 떠나신 선배는 35년 전 내가 프랑스로 회사연수를 떠 나도록 배려해 주었다. 그는 나를 무척 신뢰했다. 덕분에 나 는 인생길에서 좋은 추억의 페이지를 만들 수 있었다.

나는 멀리 지리산에 있어 부인 빈소에 문상 가지는 못하 고 마음속으로 기도를 보냈다.

나의 주변에서 좋은 인연들이 차츰 사라져 간다는 사실이 가슴 한구석을 찔렀다.

"선배! 괜찮습니다. 오히려 홀가분합니다. 지리산에 조만
간 찾아갈게요."

내가 몸담았던 방송사의 사장 임기를 잘 마치고 연임에 도
전했던 후배가 성사를 이루지 못하고 회사를 떠나게 되었다.
그의 직장 인연은 거기까지였다. 과거에 나도 그랬다. 이 후
배와 함께 일해온 다른 후배도 회사를 떠날 준비를 하는 중이
었다.

그러고 보니 나로서도 이제 옛 직장과의 인연이 세월 따
라 점차 퇴색하는 것을 느끼게 된다. 모든 끝의 풍경은 언제
나 생각보다 싱거운 편이다. 세월은 사람을 그 자리에 두지
않는다.

후배가 카톡으로 영상을 보내왔다. 어느 서양 할머니의
이야기였다. 이 할머니는 같은 크루즈 여객선을 연달아 네
번째 타고 다니면서 승무원들 사이에 화제가 된 모양이었
다. 이 사실을 우연히 알게 된 다른 여행객이 할머니에게 다
가가 인사를 나누며 사연을 물었다.

할머니는 다음과 같이 이야기해 주었다.

"사설 요양원에 가면 하루에 비용이 200달러가 드는데, 이 배에서는 하루 135달러로 모든 서비스가 만족스러워요. 당신처럼 새로운 말벗도 만날 수 있고요. 이것이 내가 여생을 보내는 방법이에요."

이 할머니의 이야기가 전 세계에 퍼져 지리산 나에게까지 도달했다는 것은, 결코 가볍게 지나칠 내용이 아니기 때문일 것이다.

사람은 누구나 삶을 마치고 떠나게 되어 있다. 자기 스스로 마감하는 방식을 조용히 만들어 갈 수 있다는 것은 하늘이 내려준 축복 같다는 생각이 든다.

할머니가 탄 여객선은 그녀가 찾아낸 스위트 스팟이었다.

우수 雨水

조계산 자락 선암사 숲길을 내려올 때, 저 앞에 노스님 한
분이 지팡이를 두 손으로 감싼 채 힘에 부치는 듯 쉬고 있었
다. 알지 못하는 분이었지만 고개 숙여 합장으로 인사했다.
그리고 그냥 지나쳤다면 이 이야기는 글이 되지 않았을 것
이다.

나는 괜스레 한마디를 건넸다.

"혹시 목아스님이라는 분 아십니까?"

"아! 목아가 아니라 목우스님!"

"앗 참! 죄송합니다. 목우스님 … ."

내가 법명을 꺼낸 그 스님은 예전에 우연히 맞닥뜨린 적
있었고, 이 절에 계신다는 기억을 떠올린 것이었다.

노스님은 내가 다시 길을 가려 하자 몸을 일으키더니 내 옆에서 함께 걸으며 물었다.

"어디서 오셨소?"

"지리산 구례에서 왔습니다. 가끔 이 절에 옵니다. 스님은 어디에 계십니까?"

"운수암에 있소."

"법명을 여쭈어 봐도 괜찮겠습니까?"

노스님은 슬쩍 미소 지으며 직답을 피했다. 하지만 불쑥 화제를 돌렸다.

"내가 허리에 협착증이 있어서, 이렇게 산보를 다녀요."

"아, 그러시군요. 암자에는 챙겨 드리는 다른 분 누가 있나요?"

"상좌는 나처럼 가진 것 없는 사람한테는 붙어 있지 않소."

"그러시군요. 그럼 암자 살림을 혼자 꾸려 가시는 … ."

스님 얼굴을 힐끗 쳐다보니 산승답게 안색은 맑아 보였다. 세속 나이로 여든쯤이리라 짐작했다.

노승은 얘기를 이어갔다.

"불교 장래가 어두워요. 예전처럼 선배나 스승을 존경하는 풍토는 점점 없어지고 있죠. 가진 재산이라도 있어야 비위 맞추면서 붙어 있지."

그 말은 사실상 한탄이었다. 스님은 다시 화제를 바꾸더니 나에게 물었다.

"뭐 하시는 분이오?"

"은퇴해서 고향에 내려와 가끔 글 쓰면서 지냅니다."

이야기를 나누는 사이 주차장이 나타났다. 스님의 산보도 이쯤 끝나려니 생각되어 작별하려는데 스님이 말했다.

"나는 저기 찻집에 들러서 차 한잔 얻어 마시는 게 산보의 끝이오."

이때 내 차에 바로 어제 얻은 곶감을 둔 게 불쑥 생각났다.

"스님! 저한테 곶감이 있는데 드려도 괜찮겠습니까?"

"하하! 그래요?"

스님은 굳이 사양하지 않았다.

나는 얼른 달려가 곶감을 챙겨다가 정중하게 드리면서 덧붙였다.

"이거 함양의 곶감 농사꾼이 만든 것인데 맛이 아주 좋은 편입니다."

스님은 미소 지으며 곶감을 받았다. 나는 작별인사를 건넸다.

"스님! 건강 잘 유지하시기를 바랍니다."

스님도 합장했다.

선암사를 찾아가기 조금 전에 나는 복숭아로 유명한 순천 월등을 지나다가 전혀 예상치 못한 횡재 같은 구경을 하게 됐다. 보통 4월에 피는 복숭아꽃이 길가 몇 그루에서 두 달이나 앞당겨 터지고 있었다. 매화를 많이 닮은 복사꽃 송이들은 한낮의 따사로운 햇살 아래 저 스스로 봄을 앞당기고 있었다.

나는 그 풍경을 휴대폰에 담아 즉석에서 가족과 여러 지인들에게 전송했다. 잠시 후 카톡 창 여기저기에서 알림음이 잇달아 울렸다. 복숭아꽃은 멀리는 미국 보스턴과 유럽 스페인까지 배달되었다.

구례에 사는 동갑내기 친구는 외마디 답장을 보냈다. 거기에는 "얼씨구!" 석 자가 적혀 있었다.

산마을로 돌아올 때 길가 벚나무 가지마다 붉은빛이 감도는 게 보였다. 조금 전 복지회관을 지날 때 오래된 구멍가게가 불과 며칠 만에 흔적도 없이 사라지고 빈터만 덩그러니 남아 있는 것을 보았다.

마당에 들어서서 아까 집을 나설 때 놓아둔 고양이 먹거리가 얼마나 남아 있는지 살펴보니 깨끗이 해치우고 없었다. 구들방 달력을 보니 오늘이 우수雨水였다. 곧 다가설 다음 절기는 경칩이었다.

뉴스는 여전히 시끄러웠지만, 산천에는 어김없이 봄이 다가서고 있었다. 노고단 능선에는 마지막 눈이 녹고 있었다. 눈은 자기를 녹여야만 산 아래로 내려올 수 있었다. 눈은 죽어 없어진 게 아니라, 서서히 물로 탈바꿈하고 있었다. 눈은 물이 되고 물은 실개천이 되고 강이 되었다가 다시 바다가 될 참이었다. 바다는 구름을 만들 참이었다. 구름은 다시 물이 되어 하늘에서 대지로 환생할 참이었다.

그 순환을 지켜보는 나는 '안심安心'되었다. 나는 더 늙어가다가 마침내 형체를 바꾸게 되리라는 자각이 들었다. 그것은 내가 그렇게 믿는다고 되는 일은 아닌 것 같았다. 그것은 까마득한 옛날부터 마땅히 그렇게 될 참인 것 같았다.

'나는 어디쯤 와 있을까?'

구들방 창 너머로 다시 어둠이 내려앉았다. 방금 또 카톡 알림음이 울렸다. 제주도 사는 후배가 보낸 것이었다.

"마당에 수선화가 피었네요."

그리고 하얀 수선화가 내게로 왔다.

빨간 풍선

여러 나라에서 파견되었던 튀르키예 구조대는 더 이상 생존자를 발견할 가능성이 없자 임무를 끝내고 각자 귀국길에 올랐다. 구조대원들은 돌아갈 집과 기다리는 가족이 있었다.

하지만 대지진의 폐허 더미 속에는 아직도 발견되지 못한 수많은 시신들이 묻혀 있었다. 이들 미확인 희생자들은 나중에 발견되더라도 집으로 돌아갈 수 없었다. 희생자들이 갈 곳은 모두 한 군데였다. 하늘나라였다.

어느 지진피해지역 무너진 건물 잔해 위에 어떤 남자가 '빨간 풍선'을 달기 시작했다. 이 활동가는 특히 어린이들이 묻혀 있을 법한 곳에 여기저기 풍선을 매달았다. 어린 천사들을 위한 풍선이었다. 여태까지 풍선 1천 5백 개를 달았다고 말했다.

바로 그 옆에서 어느 젊은 여대생이 기자에게 울먹이며 호소했다.

"혼자서는 치유할 수 없어요! 유대감이 필요합니다."

비슷한 시기에 한국의 대학 교정에서는 코로나 3년 만에 처음으로 대면 졸업식을 하게 된 졸업생들이 환호하면서 축하의 기쁨을 누리고 있었다.

같은 날 국회에서는 야당 대표의 비리 의혹을 둘러싼 체포동의안 처리문제를 놓고 피 터지는 정쟁의 불길이 점점 커지고 있었다. 그때 북한 평양에서는 미사일이 불길을 내뿜으며 하늘로 또 솟구쳐 올랐다.

튀르키예의 빨간 풍선과는 전혀 다른 중국의 '정찰 풍선'을 둘러싸고 미국 국무장관과 중국 외교부장이 비싼 비행기 타고 멀리 독일까지 날아가 서로 만났지만, 으르렁 입씨름만 할 뿐이었다.

우크라이나 전쟁은 평화의 기미가 보이기는커녕 앞으로 몇 년을 더 끌게 될지 알 수 없다는 어두운 소식이 들렸다.

인간들이 지구 위에서 하는 일은 크게 둘 중 하나다. 서로 사랑하거나, 부질없는 헛것을 쫓아다니거나.

내가 지리산에서 오늘 할 수 있는 일이라고는 혼자서 봄마중을 나가는 것뿐이다. 서울의 후배가 오랜만에 카톡 창을 두드렸다. 강화도에 가 볼 참이라고 했다.

쓴맛과 단맛과 향기가 모두 들어 있는 모닝커피를 한 잔 마시면서 나의 하루를 열었다.

저수지 앞에서

화엄사 가까운 당촌마을 건너편 작은 저수지 앞에 차를 세우고 내렸다. 햇살은 쨍했지만 바람은 많이 불었다.

햇살이 저수지 수면 위에 윤슬을 빚어내고 있었다. 윤슬은 바람 부는 대로 이리저리 춤추듯 휩쓸려 다녔다. 해가 구름 뒤로 숨으면 사라졌다가 해가 구름을 벗어나면 다시 반짝였다.

물은 가둬 놓은 저수지 안에서 바람을 불러 잔물결을 일으켰다. 대숲도 부스스 소리를 내며 가지들을 춤추게 했다.

나는 가만히 서서 그 풍경들을 물끄러미 바라보았다.

아래쪽 정자는 긴 겨우내 찾아오는 사람이 없었다. 여러 해 전 어느 여름날 밤에 그 정자에서 새로 귀촌한 어느 후배는 막막하기만 한 앞날에 대한 걱정들을 털어놓았다. 그는 세월이 가면서 다소의 뻔뻔함으로 적응해 나갔다.

나의 귀향 초기에 집수리를 도와주던 당촌마을 아재('아저씨'의 방언)는 열 살을 더 보태 늙어가고 있을 것이다. 그의 조수로 따라다니던 산동 아짐('아주머니'의 방언)은 아재보다 나이가 위였으니 이젠 잡일로 풀칠하던 생계에서 벗어났을까.

잠시 머무는 머릿속에 잡다한 생각들이 꼬리를 물고 지나갔다. 저수지의 잔물결처럼 … .

마음속에도 툭하면 바람이 불고 물결이 인다. 그러나 마음속 바람이 불 때, 그 바람은 세상에서 나 혼자 공연히 일으켰을 뿐 다른 사람이 공감할 수 없다.

저 혼자 찧고 까부는 바람이다. 무풍無風인데도 기랑起浪이다. 누가 건드리지 않았는데 지 혼자 부는 바람, 누가 일으키지 않았는데 저 혼자 일어난 물결 … .

하지만 바람이 없고 물결이 없다면 '나'를 찾아가기 어렵다. 바람이 걷히고 물결이 잦아들어 비로소 찾아지는 '나'!

그 '나'는 언제나 흔들림 속에서 길을 찾아간다. 흔들림은 내가 살아 있다는 반증이다. 세상살이가 결코 흔들리지 않는 고요함뿐이라면 일생 내내 적막에 놓여야 할 것이다.

문제는 바람과 물결에 있지 않다. 바람과 물결은 방편이다. 한 생각 한 생각이 꼬리를 물고 이어질 때, 맞서고 다투는 일은 어리석기 짝이 없다. 생각이 그냥 흐르도록 물꼬를 터야 한다.

생각은 예전부터 흘러왔고 한시도 멈춤 없이 흐른다. 생각이 던지는 번뇌의 파문을 벗어나는 길은, 브레이크를 밟지 않고 그냥 액셀에서 발을 떼는 것이다. 아무런 힘이 가해지지 않는 가속기는 이윽고 차를 멈추게 한다.

나는 종이배처럼 흘러야 마땅할 것이다. 물 위에 뜬 공처럼 물에 닿되 가라앉지 않아야 한다. 나는 날마다 이런 상황에 놓인다. 붙들리면 멈추어 벗어나고, 또 붙들리면 다시 멈추어 벗어나고 ⋯ . 나는 언제나 찾아오는 그 '한 생각'을 통해 물결 없는 고요한 저수지가 된다.

이런 되풀이 속에서 나는 내 마음 깊은 곳으로 찾아 들어갔다. 그러다가 그곳에 있는 나는 이름으로 묘사될 수 없는,

그리고 어떤 메이크업으로도 분장 될 수 없는 '빈 공간'이라는 것을 자각하게 되었다. 나는 원래부터 내 안에 있던 '어떤 존재'에 대해 공연히 등을 돌리고 따로 앉아 둘로 쪼개져 있었다는 걸 알게 되었다.

이 글을 읽는 당신에게도 당신만의 바람이 불고 당신만의 물결이 일 것이다. 당신도 햇살 쏘이는 저수지 앞에 물끄러미 서 보라! 그러면 알게 될 것이다.

행복도 번뇌

"행복도 번뇌이거든요. 행복은 불행과 똑같이 사람들 마음을 헛되게 사로잡는 신기루 같은 겁니다."

스님은 이렇게 말을 꺼냈다. 암자에서 비교적 가까운 식당에서 된장찌개를 놓고 둘이 식사하는 자리였다.

"공감합니다. 지금 놓인 그 자리에서 안심安心을 얻으면 그만 아니겠습니까?"

나는 이렇게 맞장구쳤다. 스님은 어느 돈 많은 사업가와 최근에 나눈 얘기로 옮겨 갔다.

"그렇게 부자인 사람 입에서 '죽겠다', '힘들다'라는 말이 나오기에 내가 한마디 했지요. 나는 무일푼이지만 당신과 다른 게 하나 있소. 나는 '죽겠다'는 생각을 해본 적이 없어요. 그 점이 당신과 나의 차이점인 것 같소. 이렇게 말해 주었지요."

스님은 기초생활수급자였다. 출가 전 대학 시절엔 경제학을 전공했다고 덧붙였다. 경제학을 전공한 그 젊은이가 지금은 산속 암자에서, 드나드는 신도 한 명 없이 돈 한 푼 없이 혼자 지내는 노승이 되어 있었다.

스님은 다른 사람에게 신세를 지지 않고 최소한의 생계를 위해 스스로 터득한 '경옥고'를 만들어 살아가고 있었다. 그는 나에게 좋은 말벗이었다. 스님을 만나려면 왕복 150㎞를 달려야 했지만 그건 아무런 문제가 아니었다.

오늘도 스님 암자에 무려 네 번이나 들락거렸다. 점심 무렵 식사를 모시기 위해 한 번, 식당 가기 위해 한 번, 다시 암자에 모셔다 드리러 또 한 번, 그리고 암자를 나설 때 추가로 한 번.

스님과 작별하고 돌아오는 산길은 호젓해서 참 좋았다. 산천은 아직 스산했지만, 나뭇가지마다 봄기운이 올라오고 있었다. 얼었던 땅은 슬그머니 풀려 여기저기 물기가 햇빛에 반짝거렸다.

한적한 산길을 구불구불 아주 느린 속도로 아무것도 해야할 일 없이 운전하다 보면, 한심하기는커녕 오히려 '안심'하게 된다. 내 마음에 안심이 심어진 것은 큰 축복이다.

나는 안전속도보다 더 느린 '안심속도'로 길을 다닌다. 그 길에서 질주란 아무런 쓸모가 없다. 차는 가다가 자주 멈춘다. 그냥 서고 싶은 곳에 차를 멈추면 그곳은 조용한 사색의 공간이 된다. 나도 쉬고 차도 쉰다.

고산터널을 지나 내리막길 저 아래에 산동 땅과 구만저수지가 보였다.

나는 점심 디저트를 챙기려고 농협 앞 한 평도 되지 않는 주황색 미니포장마차에 들렀다. 붕어빵 두 개를 샀다. 한 개에 5백 원.

나는 붕어빵 사진을 미국 가 있는 어느 후배에게 전송했다. 후배에게 그 붕어빵은 'K 브레드'가 될 참이었다.

뒤척이는 당신에게

우리보다 약 2백 년 전쯤 앞서 살다가 떠난 미국 여성 시인 에밀리 디킨슨은 평생을 매사추세츠 숲속 집에서 은둔자처럼 살았다고 전해진다. 그녀가 살아생전에 발표한 시는 두세 편뿐이고 나머지 수많은 시들은 사후에 알려졌다.

그녀의 시 한 편을 소개한다.

내가 한 사람의 심장 찢기는 아픔 막을 수 있다면
내 인생 헛된 것 아니리.

내가 한 사람의 고통 덜어 줄 수 있다면
또, 한 사람의 아픔 식힐 수 있다면

기절한 울새를 도와

둥지로 돌아가게 할 수 있다면

내 인생 헛된 것 아니리.

그녀는 분명히 미국 도인道人이었을 것이다. 은근히 자기의 존재감을 내세우기는커녕 어느 누구 한 사람에게라도 위안의 밑거름이 되기를 바란다. 그 마음의 깊이 앞에 고개가 수그러진다.

어느 날 TV에 나온 국민가수 송창식이 이렇게 말하는 걸 들었다.

"나는 죽은 뒤에 사람들이 나를 전혀 기억하지 않았으면 좋겠소."

어느 유명가수가 이런 말을 또 할 수 있을까.

약 2천 년 전 고대 로마 황제였던 마르쿠스 아우렐리우스는 일찌감치 다음과 같이 정곡을 찔렀다.

"머지않아 그대는 모든 것을 잊게 될 것이다. 머지않아 세상은 그대를 잊게 될 것이다."

사람들은 대부분 자기 자신을 존재감의 그래프 속에 던져 넣어서 그래프가 상승하면 뿌듯해하고 그래프가 꺾이면 세상에서 제일 슬픈 사람이 된 것처럼 풀이 죽는 것 같다.

여기에다가 휘발유를 끼얹는 것이 바로 '경쟁 사회'다. 그러나 당신과 나는 경쟁하려고 세상에 태어난 게 아니다.

석가모니 붓다가 세상에 태어나자마자 던졌다는 말 한마디는 이것이다.

"천상천하 유아독존!"

이 말은 종종 엉뚱한 오해를 불러일으킨다. 석가모니 본인이 그렇다는 이야기가 아니다. 모든 인간이 '스스로 존귀하다'는 뜻이다.

오늘도 어딘가에서 수많은 인생들이 뒤척이고 있을 것이다. 하지만 뒤척이는 건 당신 스스로 지어낸 자작극일 뿐이다. 세상이 그대를 뒤집은 게 아니다.

마음속에 지어낸 '한 생각'이 당신을 뒤집어 놓았다. 당신은 부침개처럼 뒤집을 필요가 없다.

장 날

경칩을 눈앞에 둔 장터에는 사람들이 붐볐다. 장사하는 사람들 대부분은 노인이었다. 물건을 사러 온 사람들도 대부분 노인이었다.

여행 온 젊은이 몇 사람이 눈에 띄어 반가워해야 할 판이었다. 장터 사거리에서 '장애인에 대한 이해 넓히기' 캠페인에 나선 청년들은 시장을 오가는 사람들의 연령대를 그나마 낮추는 데에도 기여하고 있었다.

주차장 한구석에서 음향기기를 수리하거나 판매하는 그 아재는, 장터에서는 보기 드문 기술자였지만 오늘도 최소한의 벌이를 했는지는 장담할 수 없었다.

호떡집 아주머니는 손님들이 밀어닥치기 전에 부지런히

호떡을 튀기고 있었다. 나는 한 개에 1천 5백 원짜리 찹쌀호떡을 사서 야금야금 맛보면서 어슬렁어슬렁 할 일 없는 구경꾼이 되었다.

호떡을 먹다가 어느 후배 생각이 떠올랐다. 상당히 높은 직위의 공직자였다. 그 후배는 내가 호떡 얘기만 꺼내면 순식간에 무너졌다. 이 시간에 틀림없이 엄숙한 회의를 하고 있을 터였지만, 나는 상관하지 않고 불쑥 호떡 사진을 전송했다.

친숙하고 유머 있는 그 후배는 역시 예상대로 나의 장난기 섞인 카톡에 즉각 응답했다. 외마디 감탄사가 떴다.

"아, 호떡!"

나는 다시 장난을 걸었다.

"호떡 공무집행방해 입건!"

그러자 후배가 대답했다.

"딱 떨어지네요!"

집사람은 이렇게 댓글을 보냈다.

"지금 미사 중이에요."

나는 장난꾼이 되어 이렇게 대꾸했다.

"하나님은 장터에도 임하실 겁니다."

나의 호떡 미끼는 태평양 건너 미국에서도 반응을 일으켰다. 공부하고 있을 그 후배는 교정의 풍경으로 화답했다.

오가는 사람들 틈에서 아는 얼굴이 저만치 걸어오고 있었다. 나는 모르는 척 지나쳤다. 그녀는 몇 년 전 후배 녀석과 헤어진 처지였다. 괜스레 아는 척해 봤자 무엇을 하랴!

내 차가 있는 곳으로 걸어갈 때 이번에는 술꾼 그 양반이 저만치 앞에 나타났다. 나는 이 사람도 모른 척 그냥 지나쳤다. 그는 호방한 사람이었지만, 말 걸어 봤자 또 술타령이면 나만 힘들어질 것 같아서였다.

오늘 장날 구경하며 찍은 사진들을 서울의 가까운 후배 몇 사람한테도 보냈다. 곧 직장을 은퇴할 후배들이었다.

마을로 돌아올 때, 들판에는 햇살이 가득했다. 나는 번잡한 장터를 벗어나 다시 혼자가 된 것이 홀가분해서 좋았다. 혼자인 것은 적적하기도 하지만 개운하기도 하다.

마당에 들어서니 참새 한 마리가 나뭇가지에서 짹짹거리며 나를 반겼다. 참새는 나보다 감정이 훨씬 적을 것 같아 번

201

뇌로부터 멀찌감치 자유로워 보였다.

구들방에서 아까 읍내 약국에서 챙겨온 파스를 발과 종아리에 붙였다. 잠잘 때도 아침에도 계속 시큰거려서 뜨거운 족욕으로 조금 가라앉히긴 했지만, 내버려 두면 걷는 일이 불편해질 것 같아 진정시키기 위해서였다.

나는 서울의 가족들과 웬만한 소식은 잘 공유하는 편이지만, 나의 통증에 관해서는 함구했다. 걱정이 서울까지 미치지 않도록 차단하는 게 서로 편할 것이었다.

햇살이 좋아 빨래한 양말과 수건은 잘 마를 참이었다. 그러고 보니 아침과 점심 두 끼가 지났는데 이상하게도 여태 배가 고프질 않아서 깜박 지나쳤다는 생각이 들었다. 아마 호떡 주전부리 덕분이었을 것이다.

늦점심 챙겨 먹겠다고 다시 주섬주섬 옷을 챙겨 입고 대문을 나섰다. 들판 저 끄트머리 비닐하우스 지붕이 햇볕에 반짝거렸다. 심심해도 다시는 오지 않을 하루라는 것을 마음에 되새기며 단골식당으로 향했다.

돈 잘 버는 감옥

이 질문은 남은 인생의 길이가 짧아진 사람들에게 토론의 주제가 될 만하다.

"당신은 돈을 잘 버는 감옥에 계속 머물기를 원하는가? 더 늦기 전에 빠져나오는 걸 선택하겠는가?"

인생의 목적은 돈이 아니지만, 황금만능주의에 물들어 돈이 인간들의 마음속을 워낙 강력하게 사로잡는 세상이다. 돈을 웬만큼 벌었는데도 그저 통장의 액수가 늘어나는 '숫자 놀음'에 빠져서, 스스로 만들어낸 뿌듯함에 젖어서, 자기의 남은 인생길이 점점 짧아지고 있다는 걸 망각한다면, 결국 무슨 소용이 있을까.

아무리 부자여도 하루아침에 건강을 잃으면 끝이고, 아무리 부족해도 건강하면 즐겁게 살아갈 수 있다. 하늘은 만점 짜리 부자나 빵점짜리 가난뱅이를 만드는 법이 없다.

"나중에 고향에 내려가 살 겁니다."

이렇게 말하는 그 할머니의 표정은 밝지 않았다. 왠지 자신이 없어 보였다. 할머니는 국내 최고 번화가의 대명사 '코엑스몰'의 상가에서 날마다 손님들이 붐비는 일식집을 운영하고 있었다.

생선초밥이 먹고 싶다는 집사람에게 가져다주려고 주문을 넣은 뒤 나는 그 가게 앞에서 약 20분간 기다려야 했다.

마침내 계산대에 신용카드를 건네주었을 때, 이 모든 이야기가 시작되었다.

"아니, 왜 이렇게 카드가 안 먹힐까?"

주인 할머니는 80살 안팎쯤 되어 보였다. 그녀는 단말기에 내 카드를 넣었다가 뺐다가 그러다가 다시 긁었다가를 여러 번 반복했다. 카드 인식이 쉽지 않은 모양이었다.

나는 민망해진 상황을 누그러뜨리려고 한마디 농담을 건넸다.

"그놈의 카드가 지리산 산골에서만 쓰다가 모처럼 국내 최고 번화가에 오다 보니 당황한 것 같네요. 카드가 촌놈이라 그런가 봐요. 허허허!"

내 말에 할머니도 따라 웃었다. 잠시 후 카드는 승인되었다. 할머니는 카드를 돌려주면서 내게 물었다.

"지리산 어디에서 오셨어요? 내 고향도 그쪽인데 ⋯ ."

"그래요? 고향이 어디신데요?"

"함양이에요."

"와아! 반갑네요. 저는 구례에 사는데요, 함양에 친한 사람들이 있어서 자주 가는 편입니다. 저는 외지 사람치고는 함양 지리를 좀 알지요. 안의, 마천, 휴천, 유림, 수동, 꽤 잘 알지요? 하하하!"

"정말 그렇네요! 나도 나중엔 고향에 내려가서 살 생각이에요."

할머니의 마지막 한마디를 듣는 순간, 나는 대단히 미안하지만 속으로 이런 생각이 들었다.

'할머니! 당장 내려가지 않는다면 이미 늦은 것 같네요.'

나는 그 할머니의 속사정을 알 턱이 없었지만, 어쨌든 나이가 여든쯤 되어 보이는 사람이 아직도 고향에 내려가지 못한 채 나중에 내려갈 거라고 말하는 게 실현되기 어려운 꿈 같았다.

돈 잘 벌기로 소문난 그 냉면집 안주인은 조금씩 늙어가는 기색이 보였다. 그녀는 자나 깨나 계산대를 온종일 지키고 있었다.

하루는 내가 물었다.

"사장님! 돈 잘 벌어서 즐겁겠네요."

그러자 이런 대답이 돌아왔다.

"천만에요! 돈만 잘 벌면 뭐해요? 쉴 틈도 없고 여긴 나한테는 지옥이에요! 호호호!"

그녀는 자기 처지를 잘 인식하고 있었다. 그녀는 자기 손가락에 낀 상당히 비싸 보이는 다이아몬드 반지를 불쑥 내밀더니 이렇게 덧붙였다.

"이 반지 비싸요! 쉬지도 못하는 내 신세가 불쌍해 내가 사서 끼웠죠. 이렇게라도 보상받고 싶어서 … ."

퇴계로 그 오래된 개봉관 극장 바로 옆 골목 입구에서 늙은 두 부부는 소변 마려운 것도 참아가면서 오징어와 쥐포를 굽고 땅콩을 팔았다. 장사가 무척 잘되는 눈치였다.

나는 오징어를 사면서 할아버지에게 말을 붙였다.

"장사가 잘되는 건 좋은데, 연세가 좀 들어 보이십니다. 벗어나실 때가 된 것 아닙니까?"

내 당돌한 질문에 할아버지는 언짢은 기색 없이 대꾸했다.

"내 팔자가 한심하네요! 변소에 갈 틈도 없으니, 원 … ."

60대 그 남자는 동네 작은 식당의 주인이었다. 제대로 배우지도 못한 어린 시절부터 온갖 고생을 한 끝에 식당이 맛집으로 소문나면서 떼돈을 벌기 시작했다.

그러나 돈벌이에 마침내 그는 간을 버려야 했다. 어린 아들로부터 간 이식을 받았다. 마누라 복도 없었다. 첫 여자는 일찍 세상을 떴고, 그 후로 만난 두 여자마저 오래가지 못하고 곁을 떠났다.

그의 통장에 돈은 상당히 쌓였지만 그의 여생은 허탈했다.

나는 이 글을 읽는 당신에게 살아가는 모습 네 가지를 보여 주었다.

당신이 아직 한창나이라면 돈을 잘 버는 이야기는 당신에게 부러움을 살지도 모르겠다. 하지만 나이 든 나에게는 그렇지 못하다. 나는 이 이야기 속 주인공들이 안쓰럽다. 그들이 더 늦기 전에 하루빨리 그곳을 벗어나게 되기를 바란다. 인생은 우리를 마냥 기다려 주지 않기 때문이다.

그들은 스위트 스팟을 잘 찾아내야 할 것이다. 스위트 스팟은 굳이 돈이 필요하지 않은 곳이다.

마을 느티나무 아래에 혼자 앉아 들판을 바라보던 할아버지가 말했다.

"내 통장에 얼마나 있냐고? 이 사람아! 내가 돈이 어디 있겠나? 평생 농사지어서 자식들 뒷바라지하고 나니 남은 건 저 앞에 저 논밖에 없제. 그래도 여그 앉아서 저 논에 벼가 익어가는 것을 처다보고 있으면 배부르고 기분이 좋아! 더 이상 뭘 바래? 흐흐흐!"

아무리 생각해 보아도 인생에, 특히 인생 말년에는 돈이 아닌 분명히 다른 무엇이 우리의 인생길을 가늠하고 있다.

단 절

끊어졌다는 의미의 '단절'이란 표현에 대해 사람들이 통상적으로 갖는 선입견은 부정적일 것이다. 그러나 제대로 이루어지는 단절은 상당히 바람직한 상황을 뜻할 때가 있다.

섬나라 일본의 가장 큰 본토 혼슈의 최북단에 위치한 아오모리현은 일명 겨울왕국으로 불릴 만큼 온천욕으로 유명한 곳이다.

여기에 여행 온 일본의 중년 여성이 TV에서 이렇게 말하는 것을 들었다.

"이곳에 머물다 보니 세상과 단절된 환경이 무척 편안함을 줍니다."

이 여성은 단절의 참다운 의미를 제대로 느낀 것 같다.

사람들은 거의 대부분 관계의 홍수 속에서 살아가기에 단절될 틈이 좀처럼 없다. 그래서 자기 자신을 조용히 되돌아볼 겨를이 없다. 제대로 단절되는 일이 우리에게 매우 필요한 이유이기도 하다.

여행이 반드시 유쾌하거나 소란스러울 필요는 없다. 때로 스위트 스팟이 우리에게 슬머시 다가서는 방식은 이러하다. 한쪽으로 쉴 틈 없이 굴러가던 삶이, 그 반대 방향, 즉 단절 쪽으로 움직여야 균형을 찾는 일이 가능해진다.

단절을 일생의 업으로 삼는 사람들이 머무는 곳이 있다. 수도원, 기도원, 사찰 등이 그런 곳이다. 단절은 침묵을 동반한다.

단절은 의도적인 자기 고립을 통해 내면을 잘 추스른 다음에, 다시 관계의 세상에서 균형을 잃지 않고 살아갈 수 있도록 도움을 준다.

반면에, 외톨이 노인들의 단절이나 쪽방 외톨이 청년들의 단절은 스스로 선택한 일이 아니라는 점에서 또는 삶의 막다른 골목에 맞닥뜨렸다는 점에서, 제대로 된 단절이라 하기 어렵다.

당신과 나의 삶에 '제대로 된 단절'이 틈틈이 주어진다면, 그것은 잘못된 단절이 결코 아니라 삶의 굴곡진 곳을 부드럽게 메워 주는 바람직한 이음새가 될 것이다.

가끔 우리는 마음속이 시달리는 이쪽에서 '자발적 단절'이 있는 저쪽 숲속으로 다리를 건너 다녀올 필요가 있다.

강마다 뜨는 달

찻집 이름이 눈길을 끌었다. '강마다 뜨는 달'이었다.

달은 세상의 모든 강마다 뜨지만, 달의 본체는 하늘 높이 저 홀로 완전하다. 강마다 뜬 달은 이지러져도 하늘의 달은 그대로다. 강마다 뜬 달은 본체가 아니다. 달의 '아바타'다. 달의 '메타버스'다.

찻집은 낙안 땅에 내려서는 산길 그 오래된 절의 맨 아래에 있었다. 작년 이맘때 기억을 떠올렸다. 혹시 지금쯤 매화가 피어났을지 모른다는 생각에 찻집을 지나 절 마당을 향해 비탈진 길을 막 오르는 순간이었다.

저 앞에 핑크빛 홍매와 하얀 청매가 나란히 꽃송이들을 터뜨리고 있었다. 왈칵 반가움이 들었다. 나는 매화가 활짝

편 광경을 휴대폰에 담아 그 자리에서 가족들과 지인들에게 보내주었다. 해외로도 전송했다.

매화꽃을 전송받은 친구한테서 소식이 떴다.

"오늘 ○○○랑 점심했는데, 지치고 낡은 모습이었음."

지쳤다는 표현은 그렇다 치고 '낡은'이라는 별난 표현이 눈에 들어왔다. 낡은 모습으로 비쳐진 그 친구를 잠시 떠올렸다. 그는 과거 한때 권세와 아주 높은 지위와 상당한 돈벌이를 연달아 성취한 유명인사였다. 바로 이 친구가 '낡았다'는 것이 무엇을 의미하는지 나는 금방 알아차렸다.

나는 이렇게 답장을 보냈다.

"그럴 거야. 헛것을 쫓아다니니까."

사실은 아까 집을 나설 때 애당초 가려 했던 곳은 꽤 멀리 떨어진 '강진만 생태공원'이었다. 하지만 왠지 고속도로를 타기가 싫어서 호젓한 산길을 따라 대충 방향을 가늠하면서 느릿느릿 가다가 우연히 들른 곳이 바로 그 산사였다.

산사에 매화가 곱게 피어나 햇살에 그 자태를 한껏 뽐내는 광경을 실컷 누리고 나니, 마음이 바뀌었다. 오늘은 이

횡재로 족한 느낌이었다.

돌아가는 길에는 선암사 오래된 담장을 따라 줄지어 서 있는 천연기념물 그 매화가 궁금했다. 연거푸 두 번째 절에 갔다.

'선암매'는 곧 터질 듯 망울만 맺혀 있을 뿐 아직 좀 더 기다려야 했다. 하지만 개의치 않고 두리번두리번 절 마당을 어슬렁거렸다.

그때였다. 졸졸졸 흐르는 작은 약수터 앞에 큼지막한 산비둘기 한 마리가 찾아와 물을 마시고 있었다. 목마른 인간이 샘을 찾듯이 목마른 산짐승 하나가 작은 부리로 생명수를 취하고 있었다.

종무소 앞 작은 연못에서는 마침내 봄이 온 것을 알아차린 금붕어와 새끼 잉어가 여유롭게 노닐고 있었다. 그 연못에 한낮의 태양이 분신을 띄워 눈이 부셨다.

올라갔던 오솔길을 되짚어 내려올 때, 마주쳐 지나던 두 사내 중 한 명이 큰 목소리로 말하는 게 귀에 들렸다.

"그놈의 자식! 전화 한 번 하는 적이 없다니까!"

누군지 몰라도 전화 한 번 없는 인간은 절 안에서도 욕을 먹는다고 생각하니 슬며시 웃음이 났다.

두 번째 마주친 젊은 남녀 중에 여자가 푸념하는 소리가 또 귀에 들렸다.

"오빠! 나 힘들어서 더 못가겠어. 힘들다니까!"

하기야 오솔길은 꽤 긴 편이었다.

주차장이 가까워졌을 때, 아까 매화 사진을 전송받은 암 투병 중인 노선배가 전화를 걸어왔다. 하지만 전화를 받지 않았다. 받아 보았자 나로서는 딱히 응대할 말이 없다는 생각이 들어서였다.

싫다거나 외면한다기보다 그냥 할 말이 마땅치 않아서 상대하기 난감할 때가 종종 있는 법이다. 그래도 들어주지 못하는 나의 주제는 수양 부족 같다는 자책이 들었다.

곧이어 후배의 카톡이 떴다. 이번엔 장문의 공문서를 작성하여 나한테 감수를 부탁하는 내용이었다. 나는 조금 전 법당을 지날 때 찍은 석가모니 부처님 사진을 대답 대신에 전송했다. 절에 있으니 방해하지 말라는 뜻이었다.

또 다른 후배가 전화했다. 이번 것도 받지 않았다. 이 후배에게도 부처님 사진만 전송했다. 역시 부처님은 나처럼 곤경에 처한 인간을 보살핀다는 믿음이 갔다. 웃음이 났다.

교신들은 억척스러웠다. 이번에는 광주의 방송국 후배들이 전화를 걸어왔다. 받지 않았다. 감사한 부처님은 또 한 번 그쪽으로 전송되셨다.

오늘은 왠지 단절되고 싶었다.

산마을에 들어설 때, 능선은 선명한 실루엣으로 저녁 옷을 입고 있었다.

강진만을 바라보며

2월 마지막 날이었다. 구례는 장날이었다. 하늘은 맑았고 햇살은 좋았다. 경칩은 엿새 앞이었다. 집에 처박혀 지낼 수 없는 날이었다.

대문을 나섰다. 어제 가려다가 접었던 강진만으로 향했다. 순천, 고흥, 보성, 장흥을 지나 마침내 '강진만 생태공원'에 도착했다.

기어코 그 바다 앞에 섰다. 사람들은 거의 보이지 않았다. 혼자라서 홀가분했다. 넓은 개펄 사이로 물줄기가 바다 윤슬을 반짝이며 흘러갔다.

저 앞에 작은 섬들이 바다와 육지의 징검다리처럼 드문드문 펼쳐져 있었다. 이 본연의 풍경에 왠지 사람이 끼는 것은 적절치 않아 보였다.

나는 전망대 난간에 기대어 한참 동안 바다를 물끄러미 바라보았다. 지금은 나를 잊을수록 훨씬 적절할 것 같았다. 결국 나는 지워지고 '어떤 의식'이 인간들보다 훨씬 오래된 그 풍경들과 교감했다. 생각들은 끼어들 수 없었다.

전망대 앞 조그만 마당에 나무 한 그루만 지키고 있었다. 작은 벤치 옆에 팻말이 보였다. 이렇게 적혀 있었다.

"나를 위로하는 나무."

나는 조금 전 바다를 바라볼 때 이미 위로보다 더 푸근한 손길이 감싸는 느낌을 받았다. 잠시 벤치에 앉아 풍경들을 전송했다.

카톡 말벗으로부터 댓글이 떴다. 내가 '살아 있다'는 걸 확인하러 왔다고 했더니, 그 친구는 이렇게 대답을 보냈다.

"오늘 서울역 채움터에서 무료급식 봉사를 했는데, 나 역시 살아 있음을 느낍니다."

이 친구는 과거 이름난 쿨한 판사였다. 그는 독실한 가톨릭 신자였다. 답답하지 않고 마음 폭이 널찍한 사람이었다.

나를 위로하는 나무

그는 지리산의 나에게 와서 여러 날 머물다 갔다.

이번엔 시를 쓰는 후배 카톡 창에 소식이 떴다. 시문학상을 받게 되었다고 알려왔다. 시집을 보낼 주소를 물었다. 나는 축하 인사와 답장을 띄웠다.

세 번째 카톡 알림음이 울렸다. 영월에서 그림을 그리며 살아가는 가까운 동생이었다. 그는 산수화풍 그림을 잘 그렸다. 막 완성한 새 그림 하나를 보내 주었다.

겹겹이 그려진 산들의 그러데이션 너머로 해가 걸치고 새들이 날고 있는 배경 앞에 특이한 모양의 배 한 척이 그림 중앙에 놓여 있었고, 돛 없는 그 배 안에는 가느다란 지팡이가 꽂혀 있었다.

나는 그림에 대해 아는 것이 없으나 "분위기 멋지다"고 느낌을 전해 주었다.

돌아오는 길은 다른 코스를 택했다. 일단 영암 월출산 방향으로 천천히 달렸다. 월출산을 지날 때 오래전 떠나신 아버지가 생각났다. 집사람과 두 딸 그리고 홀로된 아버지를 모시고 이곳에 여행 왔던 추억이 스쳤다.

그 당시 도갑사 일주문을 들어서다가 작은 접시 크기의 금두꺼비가 엉금엉금 기어가는 것을 가족 모두 신기하게 쳐다보면서 상서로운 길조라며 좋아했던 일이 떠올랐다.

영암을 지나 나주에 들어설 때 시장기가 느껴졌다. 나는 나주의 유명한 곰탕 거리를 알고 있었다. 한 그릇 잘 먹고 나올 때 붐비는 곰탕집 바로 앞에서 좌판을 지키는 할머니가 손님도 없이 무료하게 있다가 나와 눈이 마주쳤다.

그 순간 나는 그냥 지나치기가 어려웠다. 귤 한 봉지를 샀다. 주차장 내 차 바로 옆에서는 군밤장수가 또 무료하게 손님을 기다리는 게 눈에 띄었다. 군밤도 한 봉지 샀다.

광주를 거쳐 담양과 순창, 남원을 지나 다시 구례 땅에 들어설 무렵 오늘이 장날이라는 생각이 떠올라 장터에 갔다. 사과 몇 개를 챙겼다. 저녁이나 아침에 음식 차려 먹기 귀찮고 그다지 배고프지도 않을 때 사과는 매우 적당한 대용식이었다.

2월 마지막 날의 긴 여정이 저물었다. 내 인생에서 다시는 오지 않을 하루가 감사하게 지나갔다.

내일은 드디어 춘 3월이다. 내 인생에서 처음이 될 새 하루와 새봄이 나를 탈 없이 맞아들일 것이다. 배우 김혜자 씨의 책 제목처럼 나의 삶에 감사한다.

부뚜막 아궁이에 장작불을 지폈다. 오늘 밤 TV에서 재미있는 영화가 방영되면 금상첨화가 될 참이다. 산자락 구들방의 밤은 무척 심심하다. 10년도 넘었는데 밤에는 여전히 심심하다.

겨울을 찢다

마침내 겨울을 찢었다. 아쉽게 겨울을 찢었다. 달력에서 찢겨 나간 2월은 파지가 되어 휴지통에 버려졌다. 겨울이 드디어 과거가 되어 등을 보이며 멀어져 갔다.

나이 탓인지 매번 달력 한 장을 찢어낼 때마다 가슴 한구석이 왠지 시큰하다. 다시는 돌아오지 않는 지나간 일이 되어 영원히 시간의 저편으로 사라지는 세월의 부스러기는 오직 기억의 서랍을 뒤져야만 겨우 찾아낼 수 있을 것이다.

그나마 기억조차 하지 못하면 아예 없던 일이 되는 것일까? 기억하지 못하는 것은 의식의 지하창고 '무의식의 세계'에 깊이 가라앉는 앙금처럼 되는 것일까?

치매는 의학적으로는 심각한 비극처럼 보인다. 그러나

'인생학人生學'적으로는 텅 빈 세계가 분명히 있음을 암시하는 알기 힘든 실마리처럼 여겨진다.

인간은 태어날 때 천지의 기운 '지地 수水 화火 풍風'이 어떤 인연으로 잠시 모여 가시적인 모양을 이루었다가, 죽으면 한 줌 재와 연기로 탈바꿈하여 사라진다. 그 이치가 모든 생명체에게 한 치의 예외 없이 적중된다는 것은, 인간이 제아무리 재주를 피워 봤자 '절대 겸손'을 잃지 말아야 하는, 딱 부러지고 명명백백한 지점이다.

달력 한 장 찢어내는 일은 이처럼 간단치 않은 사연을 지니고 있다.

3월 초하루 새벽이다. 나는 지금 새로 주어진 3월을 마주하고 있다. 나에게 이 한 달의 시간이 또 주어졌지만, 내가 그 시간을 주도적으로 살아가지 못하고 끌려가듯이 습관적인 되풀이를 일삼는다면 과연 무슨 의미가 있을까.

세상에 처음 태어난 사람처럼 매일매일 산다면 그것은 큰 축복일 것이다. 오늘 저녁에 세상을 하직할 사람처럼 남김없이 치열하게 하루를 불태운다면 후회가 크게 줄어들 것이다.

치열하다고 내가 말하는 그 뜻은, 매 순간 나의 의식이 정말 순수하게 빛나고 천진난만한 어린아이처럼 내 앞의 모든 것을 계산 머리를 굴리지 않고 대하는 마음을 갖는다는 것이다.

그래야만 이 하루 새 한 달 그리고 새봄을 제대로 살아가는 심지가 확보될 수 있을 것이다.

산자락 구들방 창 너머로 아침이 밝아 나를 찾아온 일은 참으로 기적이다. 처음 맞이한 이 아침 속으로 잘 녹아들어야 한다. 나는 나에게 새로 나타난 이 봄을 생기 가득한 얼굴로 맞이하여 쾌활하게 살아낼 것이라고 다짐한다. 그렇지 못하면 나는 이미 죽은 사람이나 마찬가지다.

나에게는 덤으로 받은 축복이 하나 있다. 그것은 아침에 눈을 떴을 때 하루가 아무런 예정사항 없이 깨끗하게 비어 있다는 점이다. 나는 이 축복이 그동안 내가 스스로 도랑을 치우며 만들어 온 나만의 물꼬에 흐르는 시냇물이라고 자부한다.

나는 마음껏 흐르고 싶다. 시간과 세월은 업무가 아니다. 볼일이 아니라 놀이는 일이다. 나는 종이배가 되어야 한다. 나의 개별적 무게는 크게 감량되어야 한다.

내 마음속 체중계의 바늘이 '제로'에 머물러야 한다. 거기가 바로 나의 스위트 스팟이다.

화개골 이야기

오랜만에 다시 만난 그 부부는 듣기에 좋은 소식을 몇 가지 전했다. 화개장터에서 지난 4년간 보리밥집을 운영했던 부부는 최근 그 식당을 접고 예전의 분위기 아늑한 카페에 다시 돌아와 있었다. 두 사람의 얼굴은 다소 피곤함이 묻어 있었지만, 카페 건물을 손보느라 두 달 넘게 고생했더니 그런 것 같다고 말했다.

부부는 두 아들 소식을 나에게 귀띔했다. 26살 첫째와 24살 둘째가 바로 얼마 전에 버젓한 직장에 불과 며칠 간격으로 나란히 취직했다는 것이었다. 큰아들은 대형병원 간호사로, 작은아들은 대형 해운회사 선박의 기관사로 새 출발을 했다는 것이다. "이제 고생 끝, 행복 시작"이라며 나는 덕담을 건넸다.

그 카페에서 경양식 혼밥을 잘 먹은 뒤 밥값을 내려고 하자 안주인은 받지 않으려 했다. 그러나 나는 새 영업을 시작하는 마당에 밥값을 치러야 잘되는 법이라며 굳이 계산하고 나왔다.

옛 선시가 떠올랐다.

"산길 끊긴 줄 알았다가 고갯마루에 올라서니 마을이 또하나 있네."

부부가 그동안 두 아들을 뒷바라지하느라 갖은 고생을 다 한 끝에 맞이한 결과는 이제 그런 걱정이 사라지게 된 것이었다. 나는 진심을 담아 축하해 주었고 부부는 환한 미소로 답했다.

모처럼 화개골에 온 참이라 봄이 오고 있는 계곡 저 안쪽 깊숙하고 높은 곳에 있는 칠불사에 가 보고 싶어졌다. 산길을 따라 천천히 차를 몰면서 산천을 살피니 차밭은 머지않아 새 이파리를 싹틔우기 위해 은밀하게 땅 기운을 빨아올리며 햇살을 한껏 받아들이고 있었다.

아직 겨울 한기가 가시지 않은 계곡 한 귀퉁이에서 매화 한 그루가 보란 듯이 하얀 꽃송이를 내민 모습이 두드러졌다. 숲의 수많은 가지들은 물이 오른 붉은 빛깔이 일제히 스며들고 있었다.

나는 법당에 들어가 3배를 했다. 법당에서 내려오는 가파른 돌계단 옆에 '명상의 길'이라고 적힌 안내 표지가 눈에 띄었다. 길섶에 띄엄띄엄 놓아둔 9개의 기왓장마다 가르침이 적혀 있었다.

목수는 나무를 다루고 지혜 있는 사람은 자신을 다룬다.

당신의 삶 전체는 지금 이 순간에 내딛는 발걸음으로 이루어져 있다. 당신이 도착했을 때 무엇을 만나는가는 이 한 걸음의 성질에 달려 있다.

홀로 행하고 게으르지 말며 비난과 칭찬에 흔들리지 말라.

산란한 마음속에 한 번만 염불해도 그것들이 모여 성불 인연을 맺는다.

일체 모든 생멸법은 꿈, 환상, 물거품, 그림자, 이슬, 번개 같으니 마땅히 이와 같이 보라.

지금 이 순간 깨어 있는 고요에 주의를 기울인다면 신성한 생명의 본질을 느낄 수 있다.

추위가 뼈에 사무치지 않았다면 코를 찌르는 매화 향기를 어찌 얻을 수 있으리.

인생에서 가장 행복한 날은 오늘이다. 절정의 날은 오늘이다. 생애에서 가장 귀중한 날은 바로 오늘이며, 지금 여기다.

화개장터 입구 아이스크림 파는 카페에 들어갔다. 내가 홍도라지 아이스크림을 주문하자 종업원이 물었다.

"오늘은 요거트 안 드세요?"

나는 알아봐 주어 감사하다고 말했다.

마을로 돌아가는 길에 일본 여성 히로토미 후쿠코의 가게에서 담배를 사면서 물었다.

"혹시 일본 작가 다치하라 마사키를 아시오?"

후쿠코가 고개를 젓기에 내가 설명했다.

"이 작가의 글 낭독을 라디오에서 우연히 들었어요. 느낌이 무척 좋아 책을 구해 보려 했지만 절판되어 아쉽네요."

종종 담배를 살 때마다 내가 불쑥 일본 이야기를 꺼내면 후쿠코는 표정이 환해지며 미소를 지었다. 나는 그녀가 고향을 떠올리도록 슬며시 실마리를 한 가닥 흘리는 일이 괜찮게 여겨졌다.

구들방에 돌아와 있을 때 서울 큰딸의 카톡 창에 사진이 한 장 떴다. 작은딸과 사위 그리고 처조카, 이렇게 넷이 만나 함께 웃고 있는 셀카였다.

아까는 집사람이 카레 끓이는 동영상을 보냈다.

이만하면 춘 3월이 훌륭하게 시작되었다. 이제 나만 잘하면 되는 것이다. 음식 쓰레기통과 휴지통을 비웠다. 툇마루 앞에 겨우내 쌓인 낙엽들을 싸리 빗자루로 쓸었다.

나의 하루와 나의 일상은 이처럼 매우 작은 것들로 이루어져 있었다.

기도의 크기

보통 사람들은 삶이 아프다고 느낄 때 기도를 한다. 아니면 자기 주변의 누군가를 아끼고 사랑하는 마음이 들 때 기도를 보낸다.

하지만 이보다 훨씬 사이즈가 큰 기도가 있다. 온 세상을 향한 기도다.

그중에서도 '나라를 새로 세우겠다'는 기도는, 단순히 야심을 품은 기도라고만 간주하기엔 좀 더 깊이 헤아릴 필요가 있다.

우리나라 역사에 그런 기도가 분명히 있었다.

전라북도 임실의 영험한 장소로 일컬어지는 '성수산'은, 진안으로 넘어가는 고갯길에서 10리보다 훨씬 더 깊이 들어가는 골짜기를 만들어 놓았다.

그 골짜기가 아주 작은 실개울이 될 즈음 길이 막다른 곳에, '상이암上耳庵'이라고 특이한 이름이 붙여진 수백 년 해묵은 암자가 버티고 서 있다. 바로 이 암자는 왕건王建이 고려를 세울 때 큰 염원을 품은 기도처로 전해 내려온다.

그로부터 다시 5백 년쯤 지난 뒤에는, 고려 말기의 장군이었던 이성계李成桂가 이 암자에 머물면서 또 한 번의 개국 기도를 올린다. 그리하여 조선 왕조가 열린다.

우리 역사상 두드러진 인물로 꼽히는 두 '큰 바위 얼굴'의 전설과 사연이 담긴 곳이다.

'상이上耳'라는 묘한 이름의 유래는 이러하다. 이성계가 이 암자에서 신기한 꿈을 꾸었다. 천신天神이 하늘에서 내려와 두 손을 '귀 위'로 받쳐 들어 만세를 외치는 길몽이었다. 그 꿈 속의 한순간을 묘사한 데서 이 이름이 비롯되었다.

기도의 크기가 자못 이 정도라면, 가히 큰 기도라 부를만하다.

내가 상이암을 몇 년 만에 다시 가서 둘러보고 내려올 때였다. 암자 바로 아래에서, 아직 계곡이라 부르기에는 너무나 작고 가느다란 실개울의 물 흐르는 소리가 고요한 산속에 놓인 나의 귀를 사로잡았다.

졸졸졸 흘러내리는 물은 한낮의 햇살 아래 이리저리 번뜩이며 빛을 튕기고 있었다. 나는 예사롭지 않은 그 물살을 한참 동안 물끄러미 바라보았다.

그리고 평소 나의 기도는 그 폭과 깊이가 얼마나 될까 되짚어 보았다.

다시 구례 땅에 돌아와 산마을로 가는 길에, 때를 놓친 점심 요기를 하려고 붕어빵 포장마차에 들렀다. 붕어빵 파는 부부 외에 낯익은 할머니가 와 있었다.

"오메! 또 만났네요! 반갑습니다. 붕어빵 댁하고 친한 사이인가 보죠?"

"네! 친해서 자주 와요. 호호호!"

"저번에 손주들한테 제가 주었던 보리 과자는 아이들이 맛있게 먹습디까?"

"아주 잘 먹데요. 나는 맛보자는 소리도 못 하고 …. 호호!"

"그래요? 저기 내 차에 가서 보리 과자 있나 챙겨 볼게요."

"아이고! 안 그러서도 되는디 … ."

이때 붕어빵 굽던 아낙네가 끼어들었다.

"그 보리 과자 나도 먹고 잡은디 … ."

"그래요? 있으면 드려야죠. 덕분에 제가 붕어빵 잘 사 먹고 있는디 … ."

그러자 이번엔 그 남편이 한마디 걸쳤다.

"붕어가 아니라 잉어여!"

차 안을 뒤져 보니 마침 보리 과자가 있었다. 나는 여섯 봉지를 몽땅 챙겨 포장마차에 가져다주었다.

"마침 세 분이니 두 봉지씩 나눠 드시면 되겠네요. 자, 저는 물러갑니다."

나는 붕어를 잉어로 간주하면서 4개를 사서 집으로 가는 차 안에서 야금야금 다 해치우고 말았다.

마당에 들어서니 길고양이 녀석들이 잘 다녀간 모양이었다. 아까 집을 나설 때, 사료 한 컵과 내가 먹다 남은 두부 튀

김을 몇 개 놓아두었는데 찌꺼기 한 톨 없이 깨끗했다. 산비둘기 한 마리가 잠시 마당을 내려다보다가 먹을 것 없다는 걸 알고는 휙 날아가 버렸다.

야생의 고양이나 산새도 아침마다 좋은 먹거리를 위해 과연 기도할까? 나는 그들도 기도할 것 같았다. 기도는 생물학자나 동물학자의 분석 대상이 아니다. 기도는 천지 만방으로 흩어져 접속될 것이다.

섬진강

이 물길 앞에 나는 무수히 놓였다.

강은 내가 태어나기 이전부터 흐르다가 태어나자마자 나를 품었다. 이후로 내가 어디서 무엇을 하든 강물은 쉬지 않고 흘렀다.

도대체 몇 번이었을까 헤아리는 것은 부질없는 짓이었다. 강과 나는 언제나 연결되어 있었다. 내가 강변에 서면 강은 언제나 내 앞에 있었다.

강은 나에게 구경의 대상이 아니었다. 강변에 서면 나는 강의 일부가 되었다. 그러다가 가끔 내가 생각에 사로잡히면 강과 나는 분리되었다.

아침에 무작정 길을 나섰다. 그 물길 앞이라면 어디든 상관없었다. 마음이 시키는 대로 할 참이었다. 마음은 강이 되기 전의 상류를 가리켰다. 마음은 개울에 가 보고 싶어 했다. 마음 따라 방향이 잡혔다. 임실 덕치로 향했다. 시인이 살고 있는 그 마을이었다. 시인은 평생 그곳에서 살다시피 했다.

마을 입구를 지키는 정자나무 높은 가지에 까치집 두 개가 눈에 들어왔다. 잎새가 모조리 떨어진 가지들 틈새로 아침 해가 무척 가까이 매우 크게 그러나 눈부시지 않게 떠 있었다.

까마득히 오래전부터 개울이었고 지금도 여전히 개울인 잔잔한 물 위에 백로 한 마리와 작은 철새 가족이 다툴 일 없이 조용한 아침을 맞이하고 있었다. 아래쪽에는 재두루미 한 마리가 먹이를 찾고 있었다.

개울 건너편으로 이어진 다리 위에 내가 물끄러미 섰을 때, 귓가에 개울의 심장 뛰는 소리만 들렸다. 나는 한참 동안 그냥 거기에 놓였다.

여러 해 전 마을의 큰 나무들을 대표해 상을 받은 정자나무 옆 글귀 하나가 보자기에 새겨져 바람에 펄럭이고 있었다.

"찰나의 위로가 긴 시간을 견디게 해준다."

그때 저 앞에서 다섯 명의 할머니가 쓰레기를 주우며 내 쪽으로 걸어왔다. 나는 인사를 건넸다.

진뫼마을 개울 더 아래쪽으로 이어진 자동차 길에 들어설 때, 도로 위에 청색 띠를 입히고 있던 작업 인부들이 나에게 신호를 보내 서행을 당부했다.

나는 이곳에 올 때마다 그 길을 빠른 속도로 달린 적이 없었다. 속도를 더 늦추며 아랫마을로 향했다.

천담마을 새로 놓인 다리 중간에서 잠시 차를 멈추고 내렸다. 물길은 아까보다 폭이 더 넓어지면서 나를 따라 능선을 넘어온 햇살을 받아 유난히 더 반짝였다.

벌써 작년 바로 이 다리 위에서 친구와 둘이 풍경을 바라보던 기억이 되살아났다. 흐르는 물이 제자리에 없듯이 오늘은 나 혼자였다. 삶이란 추억만 남길 뿐 덧없다는 또 한 번의 각성이 마음속에 덧칠되었다.

능선 위의 해는 위치를 높이며 저 아래 다리에서 무시해도 좋을 점 하나가 되어 있는 인간 나를 굳이 제외하지 않고 공평한 빛을 내리쏘고 있었다. 나는 객관화되었다.

돌아가는 길도 마음에 맡겼다. 국립임실호국원 앞을 지날 때 지리산 뱀사골 산채식당 큰아들이 문득 생각났다. 이곳이 바로 그 녀석의 일터였다. 내가 뱀사골을 자주 드나들 무렵 녀석은 초등학생이었다. 녀석은 효자로 잘 성장해 있었다.

나는 호국원 입구에 잠시 차를 멈추고 큰 바위에 새겨진 호국원 표지를 휴대폰에 담았다. 그 자리에서 녀석과 그 어머니에게 전송했다. 이윽고 반가운 댓글이 떴다.

어느덧 참 오래된 인연들이었다. 끊이지 않고 긴 세월을 지나온 인연들은 초로初老에 접어든 나에게 더욱 각별한 의미를 더 깊은 글씨로 새긴다.

호젓한 산길을 느리게 넘어갈 때 곡성의 지인이 전화를 걸어왔다. 내 책을 빌려 읽은 어느 경찰관이 나를 꼭 한번 만나고 싶다며 여러 차례 부탁했는데 전화번호를 알려 주어도 괜찮겠느냐 물었다.

나는 승낙했다. 잠시 후 경찰관과 나는 통화로 인사를 나누었다. 인연 닿을 때 보자고 했다.

　다시 아버지의 들판과 어머니의 들판 사이로 산마을에 들어설 무렵 아까 개울에서 만난 태양이 저녁 해가 되어 가라앉으면서 나를 배웅했다.
　더 어두워지기 전에 장작불을 지폈다. 이 하루는 그새 기억으로만 남아 있었다. 이 하루 동안에 내가 움직였던 발길은 어느덧 사라지고 없었다.

강변에 매화 폭죽

코로나 3년 만에 섬진강 아랫동네가 크게 붐볐다. 코로나는 여전히 떠나지 않았으나 매화는 어김없이 다시 찾아와 가차 없이 피어났다. 믿을 것이라곤 봄뿐이었다.

경칩 이틀 전이었다. 매화마을로 가는 길가마다 꽃들이 대부분 망울을 터뜨렸다. 아직도 피지 않은 것들은 지각생이나 다름없었다.

찻길은 팔도에서 모여든 차량이 꼬리를 물고 이어졌다. 다압면 소재지 도로변에는 매화 분재를 파는 노인들이 오랜만에 모습을 보였다.

홍쌍리 매화마을 입구는 점심시간도 되기 전에 고깔 바리케이드가 진입을 가로막았다. 순찰차 여러 대와 경찰관 여러 명이 모처럼 밀집 근무에 동원되어 있었다.

사람들은 사람들을 보며 들떠 있었다. 매화가 불러들인 보기 드문 동질감이었다. 가게 주인들의 눈초리는 기대감으로 부풀어 있었다.

나는 매실 아이스크림을 먹고 싶었지만, 주차부터 난감한 탓에 포기했다. 오면서 찍은 매화 풍경을 여러 군데에 전송해 주었다. 남녘 봄소식에 반가워하는 카톡 알림음이 번갈아 울렸다.

섬진강의 봄은 육지에서 가장 빠르게 도착하여 가장 넓게 번지고 있었다. 한꺼번에 가장 많은 사람의 지친 마음을 달래 주었다.

매화마을을 지나쳐 강 건너편으로 넘어가 화개 방향으로 향했다. 돌아가는 길에 점심도 해결하려는 참이었다.

점심을 차린 접시에 주인 부부는 매화꽃 세 송이를 곁들여 내놓았다. 내가 첫 손님이었다. 섬진강변에 매화가 일제히 폭죽을 터뜨린 날 나는 비록 혼자였지만 세상에서 가장 아름다운 꽃밥을 먹었다.

늦깎이 가톨릭 신부가 되어 70 중반이 되도록 봉사했던 선배는 마침내 노릇을 마치고 자기 자신을 위한 시간으로 돌아갔다.

그는 괴짜 신부였다. 근엄한 태도는 보이지 않았다. 그에게 전화를 걸면 휴대폰 컬러링에 불교의《반야심경》독경이 울리곤 했다.

종교의 칸막이를 대수롭지 않게 허물어 버린 선배의 유별난 모습은 나에게 깊은 인상을 남겼다. 칸막이는 인간이 세운 것이지 하늘이 선을 그은 게 아니었다.

매화 터진 날 듣게 된 선배의 소식은 한껏 터뜨린 매화와 흡사했다. 조만간 상경하면 뒷골목 허름한 소줏집에서 서로 허물없는 대화를 나누는 모습을 미리 그려 보았다.

삶은 고지식한 잣대를 버릴수록 넓어진다는 걸 나는 숱한 경험 속에서 자각하곤 했다.

동해 주문진에서 매화를 전송받은 친구가 바다 풍경을 보냈다. 나는 친구에게 바닷가 밤하늘의 별을 자주 보라고 권했다. 교신 끄트머리에는 이렇게 적어 보냈다.

"친구야! 이제 우리에게 남은 건 각자 '영혼'을 다루는 문제 하나만 남은 것 같구나."

시집간 딸아이가 결혼 전까지 쓰던 자기 방을 언니와 함께 정리하기 시작했다며 방금 전에 인증샷을 보내왔다. 딸아이의 방 정리는 아버지가 지내는 지리산 섬진강에 매화가 터진 날과 일치했다.

집사람과 나는 딸아이의 방을 그대로 놓아둔 채 지내왔다. 가끔 친정에 오면 익숙했던 공간에 다시 놓이는 일은 생각을 정리하는 데에도 도움이 될 것 같아서였다.

자기 마음속을 추슬러서 다시 세상 속으로 들어가는 일은 요긴하다. 세상살이는 자기 마음속에 추슬러진 가닥과 심지로 살아야 뒤탈이 적어질 것이다.

산 너머 함양 산골에서 농사꾼으로 살고 있는 아우가 안부 전화를 걸었다.

"형님, 잘 지내시죠? 일주일에 한 번은 안부를 나눠야 하지 않습니까? 농장 전지작업은 그럭저럭 마무리하고 있네요."

이 후배가 나를 대하는 마음은 늘 한결같다.

홍성에서 홀로 암 투병하는 그 형님은 내가 보낸 매화를 받고는 무척 좋아했다.

화순 산속 암자에서 지내는 스님은 오래전부터 속을 썩여 온 척추 고질병이 병원에 여러 번 갔어도 원인마저 시원하게 파악되지 않는 것이 답답하다며 전화기 너머로 담담하게 말했다.

무던한 친구 배철수는 매화 풍경 고맙다며 즐거워했다.

조경전문가인 마음 착한 사촌동생은 현장 일을 마치고 나무농장에 들렀다면서 짧게 한마디를 건넸다.

"형님! 고마워요!"

세상과 나의 인연은 여기저기서 제각각 다른 색채로 여전하게 굴러가고 있었다. 나는 그 다양한 인연에 비친 나의 모습이 모자이크처럼 구성되어 있다는 걸 느꼈다.

하지만 내 안의 그 '존재'는 모자이크 안에 함께 머물면서도 섞이지는 않았다. 그 존재는 주로 고요할 때 다가왔다.

그 존재는 마음이 이리저리 꿈틀거릴 때마다 균형을 잡아주었다.

그 존재는 '내 마음속 다락방'에 살면서, 섬진강처럼 언제 어느 때라도 한순간도 나를 떠나지 않은 채 집을 지키고 있었다. 그 존재는 내가 찾아낸 게 아니라, 자기가 원래부터 자기임을 스스로 확인하였다.

옛사람이 한 구절을 읊어 남겼다.

"봄이 오니 예전처럼 풀잎 저절로 푸르구나!"

매화꽃 향기가 마른 풀잎에 스며들어 더불어 봄이 되기로 한 날에 나의 글을 끝맺는다.

당신 안에도 순수한 영혼이 원래부터 살고 있다. 그 영혼은 시달림의 껍질을 벗기면 드러난다.

우리의 순수 영혼은 스위트 스팟 영역에 거주한다.

글을 통해 싹튼 당신과의 인연에 고개 숙여 감사드린다.

구영회 具榮會

방송 CEO 출신 지리산 수필가. 고려대를 나왔고 '장한 고대언론인상'을 받았으며, MBC 보도국장, 삼척MBC 사장, 한국신문방송편집인협회 부회장 등을 지냈다. 30대 중반 무렵부터 지리산을 수없이 드나들면서, 삶의 본질에 대한 '갈증'에 목말라하는 마음속 궤적을 따라 끊임없는 '자기타파'를 추구해 왔다. 33년의 방송인 생활을 마친 뒤, 지금은 지리산 자락 허름한 구들방에서 혼자 지내며 제 2의 인생을 살아가고 있다.

그는 지리산에서 지금까지 《지리산이 나를 깨웠다》, 《힘든 날들은 벽이 아니라 문이다》, 《사라져 아름답다》, 《작은 것들의 행복》, 《가끔은 고독할 필요가 있다》, 《가장 큰 기적 별일 없는 하루》, 《살면서 가장 아름다운 자리》 등 일곱 권의 수필집을 펴냈다. 그의 글은 지리산처럼 간결하고 명징하다. 섬진강처럼 잔잔하고 아름답다. 뱀사골 계곡처럼 깊다. 그가 우리에게 두런두런 건네 붙이는 말투는, 지리산 밝은 달밤과 별밤에 숲에서 들리는 호랑지빠귀의 휘파람 소리처럼 마음 깊은 곳을 파고들며 깨운다.

작은 것들의 행복

지리산 인생의 네 번째 통신

구영회(전 삼척MBC 사장) 지음

하늘과 가까운 곳, 지리산에서 찾은 행복의 비밀

저마다 '작지만 확실한 행복'을 추구하는 시대에 산골살이에서 찾은 진정한 행복의 비밀을 전한다. 하늘과 가까운 곳, 지리산에서 자연을 닮은 소박한 사람들과 지내며 깨달은 일상에 대한 사랑, 만남과 나눔의 기쁨, 영혼의 안식을 잔잔한 문체로 펼친다. 세상 모든 생명을 깨우는 찬란한 태양이 떠오르는 지리산 형제봉, 마음속 번뇌를 조용히 가라앉히는 달빛을 머금은 섬진강. 현대인들이 잃어버린 가치를 찾는 여정은 신비롭고 아름답다.

46판 · 양장본 · 컬러 | 236면 | 13,800원

나남 www.nanam.net | 031-955-4601

가끔은 고독할 필요가 있다

다섯 번째 지리산 명상

구영회(전 삼척MBC 사장) 지음

가장 고요한 곳에서 길어 올린 고독의 미학

어지러운 도시의 리듬에 지친 현대인에게 가장 고요한 곳, 지리산
에서 길어 올린 고독의 미학을 전한다. 별다른 일 없는 조용한 하루
하루, 그러나 작가에게는 일상의 기적을 발견하는 시간이다. 숲 나
무 틈새로 내리꽂히는 눈부신 한줄기 햇살, 돌 벤치 위로 가만히 불
어오는 부드러운 바람. 마음의 평화는 '고독'이라는 나룻배를 타고
혼자 노 저어갈 때 얻을 수 있는 최상의 선물이다.

46판·양장본·컬러 | 252면 | 14,800원

가장 큰 기적
별일 없는 하루

지리산 인생길의 여섯 번째 사색

구영회(전 삼척MBC 사장) 지음

평범한 하루 속에서 기적을 찾아가는 사유의 여정

매일매일 마주하는 평범한 일상 속에서 기적과 같은 평화와 행복을 발견해 가는 여행을 떠난다. 작가는 아름다운 대자연이 펼쳐진 지리산으로 독자들을 초대하여 마음의 평화를 찾고, 일상의 행복을 누리며, 깨달음을 얻는 길을 안내한다. 작가의 기분 좋은 여행길을 따라가다 보면 우리가 무심히 흘려보낸 보통의 날들이 얼마나 소중한지, 그 안에서 우리는 어떤 행복을 발견할 수 있는지 깨닫게 된다. **46판 · 양장본 · 컬러 | 240면 | 14,800원**

나남 www.nanam.net | 031-955-4601